A ANTROPOLOGIA DIANTE DOS PROBLEMAS DO MUNDO MODERNO

FSC
www.fsc.org
MISTO
Papel produzido a partir de fontes responsáveis
FSC® C012418

A marca FSC® é a garantia de que a madeira utilizada na fabricação do papel deste livro provém de florestas que foram gerenciadas de maneira ambientalmente correta, socialmente justa e economicamente viável, além de outras fontes de origem controlada.

CLAUDE LÉVI-STRAUSS

A antropologia diante dos problemas do mundo moderno

Apresentação
Maurice Olender

Tradução
Rosa Freire d'Aguiar

Companhia Das Letras

Coleção La Librairie du XXIè Siècle, sob a direção de Maurice Olender.

O editor Maurice Olender agradece a Monique Lévi-Strauss, que acompanhou com idêntica atenção e generosidade cada etapa da publicação deste volume.
Os títulos dos três capítulos deste livro são de Claude Lévi-Strauss; os intertítulos são do editor.

Grafia atualizada segundo o Acordo Ortográfico da Língua Portuguesa de 1990, que entrou em vigor no Brasil em 2009.

Título original
L'Anthropologie face aux problèmes du monde moderne

Capa
Victor Burton

Preparação
Maria Fernanda Alvares

Revisão
Carmen T. S. Costa
Jane Pessoa

Dados Internacionais de Catalogação na Publicação (CIP)
(Câmara Brasileira do Livro, SP, Brasil)

Lévi-Strauss, Claude, 1908-2009.
A antropologia diante dos problemas do mundo moderno / Claude Lévi-Strauss ; apresentação Maurice Olender ; tradução Rosa Freire d'Aguiar. — 1ª ed. — São Paulo : Companhia das Letras, 2012.

Título original: L'Anthropologie face aux problèmes du monde moderne
ISBN 978-85-359-2140-3

1. Antropologia 2. Japão — Civilização I. Olender, Maurice. II. Título.

12-07398 CDD-301

Índice para catálogo sistemático:
1. Antropologia 301

[2012]

EDITORA SCHWARCZ S.A.
Rua Bandeira Paulista, 702, cj. 32
04532-002 — São Paulo — SP
Telefone (11) 3707-3500
Fax (11) 3707-3501
www.companhiadasletras.com.br
www.blogdacompanhia.com.br

Sumário

Apresentação

Maurice Olender

Por ocasião de sua quarta viagem ao Japão, na primavera de 1986, Claude Lévi-Strauss escreveu os três capítulos que compõem este livro — três conferências proferidas em Tóquio a convite da Fundação Ishizaka. Ele escolheu para esse conjunto o título que agora é o deste livro: *A antropologia diante dos problemas do mundo moderno.*

Para destacar os grandes temas de sua obra, comentá-los e atualizá-los, Claude Lévi-Strauss volta livremente a seus escritos. Assim, relê este ou aquele texto que o tornou célebre, retomando os principais temas de sociedade que sempre o inquietaram, em especial a respeito dos laços entre "raça", história e cultura. Ou então, medita sobre o futuro possível de novas formas de humanismo num mundo em plena transformação.

Se os leitores de Lévi-Strauss reencontram neste volume as questões que servem de base a seus trabalhos, as novas gerações poderão descobrir aqui uma visão de futuro proposta pelo famoso antropólogo. Sublinhando a importância da antropologia como novo "humanismo democrático", Claude Lévi-Strauss se interroga sobre "o fim da supremacia cultural do Ocidente", sobre os laços entre relativismo cultural e julgamento moral. Quando examina os problemas de uma sociedade que se tornou mundial, também interroga as práticas econômicas, as questões ligadas à procriação artificial, aos laços entre pensamento científico e pensamento mítico.

Nestas três conferências, Claude Lévi-Strauss revela, por fim, suas inquietações relativas aos problemas cruciais de um mundo prestes a entrar no século XXI, como as afinidades entre as diversas formas de "explosão ideológica" e o futuro dos integrismos.

Reconhecida mundialmente, a obra de Claude Lévi-Strauss é hoje um laboratório de pensamento aberto para o futuro.

Este livro será, sem dúvida, para os estudantes e para as novas gerações, a melhor introdução à inteligência sensível do mundo de Claude Lévi-Strauss.

1. O fim da supremacia cultural do Ocidente

Minhas primeiras palavras serão para agradecer à Fundação Ishizaka pela imensa honra que me faz confiando-me este ano conferências ilustradas desde 1977 por tantas eminentes personalidades. Agradeço-lhe igualmente por ter me proposto como tema a maneira como a antropologia — disciplina a que dediquei minha vida — encara os problemas fundamentais com os quais é confrontada a humanidade de hoje.

Começarei por lhes dizer como a antropologia formula esses problemas na perspectiva peculiar que é a sua. Tentarei em seguida definir o que é a antropologia e mostrar como ela lança sobre os problemas do mundo contemporâneo um olhar original, sem pretender resolvê-los sozinha, mas na esperança de melhor compreendê-los.

APRENDER COM OS OUTROS

Há cerca de dois séculos, a civilização ocidental definiu a si mesma como a civilização do progresso. Irmanadas no mesmo ideal, outras civilizações acreditaram dever tomá-la como modelo. Todas partilharam a convicção de que a ciência e as técnicas avançariam sem cessar, proporcionando aos homens mais poder e felicidade; que as instituições políticas, as formas de organização social surgidas no final do século XVIII na França e nos Estados Unidos, e a filosofia que as inspirava, dariam a todos os membros de cada sociedade mais liberdade na conduta de suas vidas pessoais e mais responsabilidade na gestão dos negócios comuns; que o julgamento moral, a sensibilidade estética, em suma, o amor ao verdadeiro, ao bom e ao belo se propagariam por um movimento irresistível e ganhariam o conjunto da terra habitada.

Os acontecimentos de que o mundo foi palco durante o presente século desmentiram essas previsões otimistas. Ideologias totalitárias se espalharam e, em várias regiões do mundo, continuam a se espalhar. Os homens foram exterminados às dezenas de milhões, entregaram-se a terríveis genocídios. Mesmo uma vez restabelecida a paz, não lhes aparece mais como certo que a ciência e a técnica tragam apenas benefícios, nem que os princípios filosóficos, as instituições políticas e as formas de vida social nascidas no século XVIII constituam soluções definitivas para os grandes problemas postos pela condição humana.

As ciências e as técnicas estenderam prodigiosamente nosso conhecimento do mundo físico e biológico. Deram-nos um poder sobre a natureza que ninguém poderia suspeitar há apenas um século. Começamos, porém, a calcular o preço que foi preciso pagar para obtê-lo. De modo crescente, apresenta-se a questão de saber se essas conquistas não tiveram efeitos deletérios. Elas puseram meios de destruição maciços à disposição dos homens, e, conquanto inutilizados, apenas por sua presença esses meios ameaçam a sobrevivência de nossa espécie. De modo mais insidioso, porém real, essa sobrevivência também é ameaçada pela rarefação ou pela poluição dos bens mais essenciais: o espaço, o ar, a água, a riqueza e a diversidade dos recursos naturais.

Graças, em parte, aos progressos da medicina, o número de seres humanos não parou de crescer, a tal ponto que, em várias regiões do mundo, já não se chega a satisfazer as necessidades elementares de populações sujeitas à fome. Em outros lugares, nas regiões capazes de garantir sua subsistência, ainda assim se manifesta um desequilíbrio pelo fato de que, para dar trabalho a indivíduos cada vez mais numerosos, é necessário produzir cada vez mais. Sentimo-nos, assim, arrastados numa corrida sem fim rumo a uma produtividade maior. A produção apela ao consumo, que, por sua vez, exige ainda mais produção. Frações cada vez maiores de população são como que aspiradas pelas necessidades diretas ou indiretas da indústria. Vão se concentrar em enormes aglomerações urbanas que lhes impõem uma existência artificial e desumanizada. O funcionamento das instituições democráticas, as necessidades de proteção social provocam, por sua vez, a criação de uma burocracia invasora que tende a parasitar e a paralisar o corpo social. Chegamos a nos perguntar se as sociedades modernas construídas sobre esse modelo não se arriscam a, em breve, se tornar ingovernáveis.

Por muito tempo um ato de fé, a crença em um progresso material e moral votado a jamais se interromper sofre, assim, sua crise mais grave. A civilização de tipo ocidental perdeu o modelo que dera a si mesma, já não ousa oferecer esse modelo às outras. Portanto, não convém olhar para outros lugares, alargar os quadros tradicionais em que se fechavam nossas reflexões sobre a condição humana? Não devemos aí integrar experiências sociais mais variadas e mais diferentes das nossas, além dessas em cujo horizonte estreito por muito tempo nos confinamos? Posto que a civilização de tipo ocidental não encontra mais em seu próprio fundo com o que se regenerar e tomar novo impulso, pode ela aprender alguma coisa sobre o homem em geral, e sobre si mesma em particular, nessas sociedades humildes e por muito tempo desprezadas, que até época relativamente recente haviam escapado à sua influência? Essas são as perguntas que há algumas dezenas de anos se fazem os pensadores, eruditos ou homens de ação, e que os incitam — já que as outras ciências sociais, mais centradas no mundo contemporâneo, não lhes fornecem resposta — a interrogar a antropologia. O que é, então, essa disciplina que por muito tempo permaneceu na sombra, e sobre a qual se percebe que ela tem talvez alguma coisa a dizer sobre esses problemas?

FATOS SINGULARES E ESTRANHOS

Tão longe quanto se procuram exemplos no tempo e no espaço, a vida e a atividade do homem inscrevem-se em quadros que oferecem caracteres comuns. Sempre e em todo lugar, o homem é um ser dotado da linguagem articulada. Ele vive em sociedade. A reprodução da espécie não está abandonada ao acaso, mas está sujeita a regras que excluem um certo número de uniões biologicamente viáveis. O homem fabrica e utiliza ferramentas, que ele emprega em técnicas variadas. Sua vida social se exerce em conjuntos institucionais cujo conteúdo pode mudar de um grupo a outro, mas cuja forma geral permanece constante. Por procedimentos diferentes, certas funções — econômica, educativa, política, religiosa — são regularmente garantidas.

Entendida em seu sentido mais amplo, a antropologia é a disciplina que se dedica ao estudo desse "fenômeno humano". Sem dúvida, este faz parte do conjunto de fenômenos naturais. No entanto, apresenta, em relação às outras formas da vida animal, caracteres constantes e específicos que justificam que seja estudado de modo independente.

Nesse sentido, pode-se dizer que a antropologia é tão velha quanto a própria humanidade. Nas épocas sobre as quais possuímos testemunhos históricos, preocupações de um gênero a que chamaríamos hoje de antropológico são manifestas nos memorialistas que acompanharam Alexandre, o Grande, na Ásia, bem como em Xenofonte, Heródoto, Pausânias e — de um ângulo mais filosófico — também em Aristóteles e em Lucrécio.

No mundo árabe, Ibn Batuta, grande viajante, e Ibn Khaldun, historiador e filósofo, testemunham no século XVI um espírito autenticamente antropológico, assim como, vários séculos antes, os monges budistas chineses que foram à Índia para se documentar sobre a religião deles, e os monges japoneses que, com o mesmo objetivo, visitaram a China.

Nessa época, as trocas entre o Japão e a China se faziam sobretudo por intermédio da Coreia e, neste país, a curiosidade antropológica é atestada desde o século VII de nossa era. O meio-irmão do rei Munmu, dizem as antigas crônicas, só aceitou se tornar primeiro-ministro com a condição de, primeiro, viajar incógnito pelo reino para observar a vida popular. Pode-se ver aí uma primeira pesquisa etnográfica, embora, a bem da verdade, os etnógrafos de hoje não costumem receber do anfitrião indígena que os acolhe, como esse dignitário coreano, uma encantadora concubina para partilhar seu leito! Sempre nas crônicas coreanas, está dito que o filho de um certo monge que escrevia livros sobre os costumes populares da China e de Sila foi, por essa razão, posto entre os dez grandes sábios desse reino.

Na Idade Média, a Europa descobre o Oriente, primeiro por ocasião das cruzadas, depois pelos relatos de emissários enviados no século XIII junto aos mongóis pelo papa e pelo rei da França; e, sobretudo, no século XIV, graças à longa temporada de Marco Polo na China. No início do Renascimento, começam-se a distinguir as fontes muito diversas das quais, daí em diante, decorrerá a reflexão antropológica, como, por exemplo, a literatura suscitada pelas invasões turcas na Europa oriental e no Mediterrâneo; as fantasias do folclore medieval prolongam as da Antiguidade sobre as "raças plinianas", assim chamadas porque condescendentemente descritas no século I de nossa era por Plínio, o Velho, em sua *História natural*: povos selvagens monstruosos pela anatomia e pelos costumes. O Japão não ignorou tais imaginações, e decerto porque o país se isolava voluntariamente do resto do mundo elas ali sobreviveram mais tempo no espírito popular. Durante minha primeira temporada no Japão, recebi de presente uma enciclopédia publicada em 1789, intitulada *Zôho Kunmo Zui*. Na parte geográfica, consideram-se reais os povos exóticos gigantes, ou dotados de braços e pernas desmesuradamente longos...

Na mesma época, a Europa, mais bem informada, acumulava os conhecimentos positivos que, desde o século XVI, começavam a afluir da África, da América e da Oceania por ocasião das grandes descobertas. Muito depressa as compilações desses relatos de viagem viraram na Alemanha, na Suíça, na Inglaterra e na França uma moda prodigiosa. Essa enorme literatura de viagem alimentará a reflexão antropológica que se inicia na França com Rabelais e Montaigne e que ganha toda a Europa a partir do século XVIII.

Nela se encontra, aliás, o eco do Japão nas viagens apresentadas como imaginárias, por falta de conhecimento direto dos países distantes. Tal como a viagem fictícia de Oe Bunpa ao país de Harashirya, palavra atrás da qual se reconhece o Brasil, habitado por indígenas "que ignoram a cultura dos cereais, se alimentam de raízes secas, não têm rei e só têm como nobres os mais hábeis em atirar com o arco". É, com pouca diferença, o que dois séculos antes relatava Montaigne depois de ter conversado com índios brasileiros levados para a França por um navegador.

Mesmo se datarmos do século XIX o início da pesquisa antropológica tal como é praticada hoje, ela teve como primeira motivação o que se poderia chamar de curiosidade de antiquário. Observava-se que as grandes disciplinas clássicas — história, arqueologia, filologia, ciências que gozavam plenamente do direito de existir nos currículos universitários — esqueciam atrás de si toda espécie de resíduos, de detritos. Um pouco como trapeiros, curiosos empreendiam recolher esses fiapos de conhecimentos, esses fragmentos de problemas, esses detalhes pitorescos que as outras ciências rejeitavam desdenhosamente em suas latas de lixo intelectuais.

No início, a antropologia não foi decerto nada além do que essa coleta de fatos singulares e estranhos. E no entanto descobria-se pouco a pouco que esses detritos, esses resíduos eram mais importantes do que se pensava. A razão é fácil de entender.

O que impressiona o homem no espetáculo dos outros homens são os pontos em que se assemelham. Historiadores, arqueólogos, filósofos, moralistas, literatos pediram primeiro aos povos recém-descobertos uma confirmação de suas próprias crenças sobre o passado da humanidade. Isso explica porque, durante os grandes descobrimentos do Renascimento, os relatos dos primeiros viajantes não tenham causado surpresa: acreditava-se menos em descobrir novos mundos que encontrar o passado do mundo antigo. Os gêneros de vida dos povos selvagens demonstravam que a Bíblia, os autores gregos e latinos diziam a verdade ao descrever o jardim do Éden, a Idade de Ouro, a Fonte da Juventude, a Atlântida ou as Ilhas Afortunadas...

Todos negligenciavam, e até mesmo se recusavam a ver, as diferenças que, porém, são essenciais desde que se trata de estudar o homem. Pois, como devia dizer mais tarde Jean-Jacques Rousseau, "é preciso primeiro observar as diferenças para descobrir as propriedades".

Ia-se também fazer outra descoberta: essas singularidades, essas estranhezas se ordenavam entre si de modo muito mais coerente que os fenômenos considerados como os únicos importantes sobre os quais se havia fixado a atenção. Fatos negligenciados ou apenas estudados, tal como a maneira de sociedades diferentes partilharem o trabalho entre os sexos — em determinada sociedade, são os homens ou as mulheres que se dedicam à cerâmica, à tecelagem, ou que cultivam a terra? —, permitem comparar e classificar as sociedades humanas a partir de bases muito mais sólidas do que antes se conseguia fazer.

Citei a divisão do trabalho; poderia falar também das regras de residência. Quando ocorre um casamento, onde vão morar os jovens recém-casados? Com os parentes do marido? Com os da mulher? Ou instalam uma residência independente?

Da mesma maneira, as regras da filiação e do casamento, por muito tempo deixadas de lado, de tal forma pareciam caprichosas e destituídas de sentido. Por que um grande número de povos do mundo diferencia os primos em duas categorias, dependendo se são oriundos seja de dois irmãos ou de duas irmãs, seja de um irmão e de uma irmã? Por que, nesse caso, condenam o casamento entre primos do primeiro tipo e o preconizam, e até o impõem, entre primos do segundo tipo? E por que o mundo árabe, praticamente o único, é exceção a essa regra?

Também, da mesma forma, as proibições alimentares, que fazem com que, mundo afora, não haja povo que não procure afirmar sua originalidade proscrevendo esta ou aquela categoria de alimentos: o leite na China, o porco para os judeus e os muçulmanos, o peixe para certas tribos americanas, a carne de cervídeos para outras, e assim por diante.

Todas essas singularidades constituem outras tantas diferenças entre os povos. No entanto, essas diferenças são comparáveis na medida em que não existe praticamente povo em que não seja possível observá-las. Daí o interesse que têm os antropólogos pelas variações aparentemente fúteis mas que permitem estabelecer classificações relativamente simples, introduzindo na diversidade das sociedades humanas uma ordem comparável àquela que os zoólogos e os botânicos utilizam para classificar as espécies naturais.

A esse respeito, as pesquisas mais eficazes foram aquelas referentes às regras da filiação e do casamento. De fato, as sociedades estudadas pelos antropólogos podem ter efetivos muito variáveis, indo de algumas dezenas de pessoas a diversas centenas ou vários milhares. Todavia, comparadas às nossas, essas sociedades têm dimensões muito reduzidas, de sorte que as relações humanas aí oferecem um caráter pessoal. Nada o mostra melhor do que a tendência das sociedades sem escrita a conceberem as relações entre seus membros a partir do modelo do parentesco: ali todos são irmão, irmã, primo, prima, tio, tia etc. de todos. E quem não é parente, é um estrangeiro, portanto, um inimigo potencial. Nem sequer é necessário retraçar as genealogias: em muitas dessas sociedades, regras simples permitem atribuir cada indivíduo, pelo fato de seu nascimento, a esta ou àquela categoria entre as quais prevalecem relações equivalentes a laços de parentesco.

Ora, não existem sociedades, por mais humilde que seja seu nível técnico e econômico, e por mais diferentes que sejam por seus costumes sociais e suas crenças religiosas, que não possuam uma nomenclatura de parentesco e de regras de casamento que distingam os indivíduos aparentados entre cônjuges permitidos e cônjuges proibidos. Portanto, tem-se aí um primeiro meio de distinguir as sociedades umas das outras e dar a cada uma seu lugar numa tipologia.

Quais são, pois, essas sociedades estudadas por predileção pelos antropólogos e que estamos habituados, por uma longa tradição, a qualificar de "primitivas", termo que muitos hoje recusam e que, de qualquer maneira, seria necessário definir com exatidão?

Em geral designam-se assim agrupamentos humanos que diferem principalmente dos nossos pela ausência de escrita e de meios mecânicos, mas a respeito dos quais convém não esquecer certas verdades primeiras: essas sociedades oferecem o único modelo para se compreender a maneira como os homens viveram juntos durante um período histórico correspondendo sem dúvida a 99% da duração total da vida da humanidade, e, do ponto de vista geográfico, numa época ainda recente, em três quartos da superfície da terra habitada.

Portanto, as informações que nos trazem essas sociedades não decorrem tanto do fato de que elas poderiam ilustrar etapas de nosso passado longínquo. Elas ilustram mais uma situação geral, um denominador comum da condição humana. Vistas dessa perspectiva, são as altas civilizações do Ocidente e do Oriente que constituem exceções.

Na verdade, os avanços das pesquisas etnológicas nos convencem mais e mais de que essas sociedades vistas como atrasadas, consideradas como "abandonadas" pela evolução, rejeitadas a regiões marginais e fadadas à extinção, constituem formas de vida social originais. São perfeitamente viáveis enquanto não forem ameaçadas do exterior.

Assim, procuremos melhor delimitar seus contornos.

Em última instância, elas consistem em pequenos grupos compreendendo entre algumas dezenas e algumas centenas de pessoas, afastadas umas das outras por vários dias de viagem a pé, e cuja densidade demográfica se situa em torno de 0,1 habitante por quilômetro quadrado. Sua taxa de crescimento é muito baixa, nitidamente inferior a 1%, de modo que os ganhos de população compensam aproximadamente as perdas. Por conseguinte, seu efetivo não varia. Essa constância demográfica é consciente ou inconscientemente garantida por diversos procedimentos: tabus sexuais depois do parto, aleitamento prolongado que retarda na mulher o restabelecimento dos ritmos fisiológicos. É impressionante que, em todos os casos observados, um crescimento demográfico não incite o grupo a se reorganizar em novas bases. Tornando-se mais numeroso, o grupo se cinde e dá origem a duas pequenas sociedades da mesma ordem de grandeza que a anterior.

Esses pequenos grupos têm uma capacidade espontânea de eliminar de seu seio as doenças infecciosas. Os epidemiologistas deram a razão: os vírus dessas doenças só sobrevivem em cada indivíduo durante um número limitado de dias, e devem portanto circular constantemente para se manter no conjunto da população. Isso só é possível se o ritmo anual dos nascimentos for elevado o suficiente, condição possível apenas a partir de um efetivo demográfico de várias centenas de milhares de pessoas.

Há que acrescentar que, nos meios ecológicos complexos como aqueles onde vivem povos cujas crenças e práticas, que erradamente julgamos como superstições, visam a preservar recursos naturais, as espécies vegetais e animais são muito diversas. Mas, sob os trópicos, cada uma só conta com um pequeno número de indivíduos por unidade de superfície, e este é também o caso das espécies infecciosas ou parasitas: portanto, as infecções podem ser múltiplas embora permanecendo de baixo nível clínico. A doença chamada Sida na França, e Aids em inglês, oferece um exemplo de atualidade. Essa doença viral, localizada em alguns focos da África tropical onde provavelmente vivia em equilíbrio com as populações indígenas há milênios, tornou-se um risco maior quando os acasos da história a introduziram nas sociedades mais volumosas.

Quanto às doenças não infecciosas, em geral estão ausentes por várias razões: grande atividade física, regime alimentar muito mais variado que o dos povos agricultores, apelando para uma centena de espécies animais e vegetais, às vezes mais, pobre em gorduras, rico em fibras e em sais minerais, garantindo um aporte suficiente em proteínas e em calorias. Daí a ausência de obesidade, de hipertensão, de distúrbios circulatórios.

Portanto, nada de espantoso se um viajante francês que visitou os índios do Brasil no século XVI pudesse se admirar porque esse povo — cito-o — "composto dos mesmos elementos que nós [...] nunca [...] é atingido por lepra, paralisia, letargia, doenças cancrosas, nem úlceras, ou outros vícios do corpo que se veem superficialmente e no exterior"; ao passo que, no século ou século e meio que se seguiu à descoberta da América, as populações do México e do Peru caíram de uma centena de milhões para quatro ou cinco, sob os golpes, menos dos *conquistadores* que das doenças importadas, que se tornaram mais virulentas por causa dos novos gêneros de vida impostos pelos colonizadores: varíola, sarampo, escarlatina, tuberculose, malária, gripe, caxumba, febre amarela, cólera, peste, difteria, e paro por aqui...

Assim sendo, estaríamos errados em depreciar essas sociedades porque as conhecemos num estado miserável. O que, mesmo empobrecidas, lhes dá um valor inestimável é que as milhares de sociedades que existiram, e das quais algumas centenas continuam a existir na superfície da Terra, constituem *experiências já prontas*: as únicas de que dispomos, já que, à diferença de nossos colegas das ciências físicas e naturais, não podemos fabricar nossos objetos de estudo, que são as sociedades, e fazê-las funcionar no laboratório. Essas experiências tiradas de sociedades escolhidas porque são as mais diferentes das nossas nos proporcionam o meio de estudar os homens, suas obras coletivas, para tentar compreender como o espírito humano funciona nas situações concretas mais diversas em que a história e a geografia o puseram.

Ora, sempre e em qualquer lugar, a explicação científica repousa sobre o que se poderia chamar de boas simplificações. Desse ponto de vista, a antropologia faz da necessidade virtude. Como acabo de dizer, uma fração importante das sociedades que ela escolhe estudar é pequena pelo volume, e concebe a si mesma sob o modo da estabilidade.

Essas sociedades exóticas estão afastadas do antropólogo que as observa. Uma distância não só geográfica mas também intelectual e moral os separa. Esse afastamento reduz nossa percepção a alguns contornos essenciais. De bom grado eu diria que, no conjunto das ciências sociais e humanas, o antropólogo ocupa lugar comparável àquele que cabe ao astrônomo no conjunto das ciências físicas e naturais. Pois, se a astronomia pôde se constituir como ciência desde a mais alta Antiguidade, foi porque, na própria falta de um método científico que ainda não existia, o afastamento dos corpos celestes permitia ter deles uma visão simplificada.

Os fenômenos que observamos estão extremamente longe de nós. Longe, como eu disse, primeiro no sentido geográfico, já que outrora precisávamos viajar durante semanas ou meses para alcançar nossos objetos de estudo. Mas longe, sobretudo, num sentido psicológico, na medida em que esses detalhes menores, esses fatos humildes em que fixamos nossa atenção repousam em motivações de que os indivíduos não têm clara ou nenhuma consciência. Estudamos línguas mas os homens que as falam não têm consciência das regras que aplicam para falar e ser entendidos. Não somos tampouco conscientes das razões pelas quais adotamos um alimento e proscrevemos outro. Não somos conscientes da origem e da função real de nossas regras de boa educação ou de nossas maneiras à mesa. Todos esses fatos, que mergulham nossas raízes no mais profundo do inconsciente dos indivíduos e dos grupos, são aqueles mesmos que tentamos analisar e compreender apesar de uma distância psíquica interior que, em outro plano, duplica o afastamento geográfico.

Mesmo em nossas sociedades, em que não existe essa distância física entre o observador e seu objeto, subsistem fenômenos comparáveis àqueles que vamos procurar muito longe. A antropologia retoma seus direitos e reencontra sua função em qualquer lugar onde usos, gêneros de vida, práticas e técnicas não foram varridos pelas reviravoltas históricas e econômicas, atestando assim que eles correspondem a algo suficientemente profundo no pensamento e na vida dos homens para resistir às forças de destruição; portanto, por todo lado onde a vida coletiva das pessoas comuns — essas que o ilustre antropólogo Yanagida Kunio chamava de *jômin* — ainda se baseia, em primeiro lugar, nos contatos pessoais, nos laços de família, nas relações de vizinhança, seja nas aldeias, seja nos bairros das cidades: em suma, nos pequenos ambientes tradicionais em que a tradição oral se mantém.

Aliás, parece-me típico dessas relações de simetria que observamos entre a Europa ocidental e o Japão o fato de que a pesquisa antropológica aí se inicia na mesma época — no século XVIII —, mas, na Europa ocidental, sob o impulso das grandes viagens que dão acesso ao conhecimento das culturas mais diferentes, ao passo que no Japão, então fechado sobre si mesmo, a pesquisa antropológica tem provavelmente suas raízes na escola Kokugaku, em cuja linha, um século mais tarde, o monumental empreendimento de Yanagida Kunio ainda parece se inscrever, pelo menos aos olhos do observador ocidental. Também é no século XVIII que a pesquisa antropológica se inicia na Coreia, com os trabalhos da escola de Silhak, que se concentram na vida rural e nos costumes populares no próprio país, e não, como na Europa, nos povos distantes.

Recolhendo uma multidão de fatos miúdos que, por muito tempo, os historiadores julgaram indignos de sua atenção, suprindo pela observação direta as lacunas e as insuficiências dos documentos escritos, tentando conhecer o modo como as pessoas rememoram o passado de seu pequeno grupo — ou como o imaginam —, o modo também como vivem o presente, chegamos a constituir arquivos de um tipo original e a pôr de pé o que Yanagida Kunio, para citá-lo de novo, chamava *bunkagaku*, "ciência da cultura", isto é, numa palavra, a antropologia.

"AUTENTICIDADE" E "INAUTENTICIDADE"

Chegando a esse ponto, estamos em melhores condições de compreender o que é a antropologia e o que faz sua originalidade.

A primeira ambição da antropologia é atingir a *objetividade*. Para ela não se trata apenas de uma objetividade que permite a quem a pratica fazer abstração de suas crenças, de suas preferências e de seus preconceitos. Tal objetividade caracteriza todas as ciências sociais, do contrário não poderiam pretender ter o nome de ciência. O tipo de objetividade a que pretende a antropologia vai mais longe. Ela não se contenta em elevá-la acima dos valores próprios à sociedade ou ao meio social do observador, mas de seus métodos de pensamento: alcançar formulações válidas não só para um observador honesto e objetivo, e sim para todos os observadores possíveis. Portanto, o antropólogo não faz apenas calar seus sentimentos. Ele molda novas categorias mentais, contribui para introduzir noções de espaço e de tempo, de oposição e de contradição, tão estranhas a seu pensamento tradicional como as que se encontram hoje em certos ramos das ciências físicas e naturais. Essa relação entre a maneira como os mesmos problemas se apresentam em disciplinas muito afastadas foi admiravelmente percebida pelo grande físico Niels Bohr, quando ele escreveu em 1939: "As diferenças tradicionais entre culturas humanas [...] se parecem em muitos pontos às diversas maneiras equivalentes como os resultados de experiências físicas podem ser descritos".*

A segunda ambição da antropologia é a *totalidade*. Ela vê na vida social um sistema em que todos os aspectos estão organicamente ligados. Ela reconhece de bom grado que, para aprofundar o conhecimento de fenômenos de certo tipo, é indispensável fragmentar um conjunto, como fazem o jurista, o economista, o demógrafo, o especialista de ciência política. Mas o que o antropólogo procura é a forma comum, são as propriedades invariantes que se manifestam por trás dos mais diversos gêneros de vida sociais.

Para ilustrar com um exemplo considerações que podem parecer aos senhores abstratas demais, vejamos como um antropólogo apreende certos aspectos da cultura japonesa.

Sem dúvida, não é preciso ser antropólogo para observar que o marceneiro japonês se serve do serrote e da plaina ao contrário de seus colegas ocidentais: ele serra e aplaina puxando a ferramenta em direção a si, e não a empurrando para longe. O fato já tinha impressionado Basil Hall Chamberlain no fim do século XIX. Esse professor da universidade de Tóquio, observador sagaz da vida e da cultura japonesas, era um eminente filólogo. Em seu célebre livro *Things Japanese*, ele registra o fato, assim como vários outros, na rubrica "*Topsy-turvidom*", que traduzo aproximadamente por "onde tudo está de ponta-cabeça", como uma esquisitice à qual não dá significado particular. Em suma, não vai mais longe que Heródoto ao observar, há mais de 24 séculos, que em relação a seus compatriotas gregos os antigos egípcios faziam tudo pelo avesso.

* Niels Bohr. *Physique atomique et connaissance humaine*. Paris: Gallimard, 1991, p. 33 (Col. Folio Essais, nº 157).

De seu lado, especialistas da língua japonesa notaram como sendo uma curiosidade o fato de que um japonês que se ausenta por um curto instante (pôr uma carta no correio, comprar o jornal ou um maço de cigarros) dirá de bom grado algo como "*Itte mairi-másu*"; ao que lhe respondem "*Itte irasshai*". Portanto, a ênfase não é posta, como nas línguas ocidentais em circunstância semelhante, na decisão de sair, mas na intenção de um próximo retorno.

Da mesma maneira, um especialista da antiga literatura japonesa sublinhará que a viagem aqui é ressentida como uma dolorosa experiência de dilaceração, e permanece cercada pela obsessão do retorno ao país. Do mesmo modo, enfim, em nível mais prosaico, parece que a cozinheira japonesa não diz, como na Europa, "mergulhar na fritura" mas "levantar" ou "elevar" (*ageru*) para fora da fritura...

O antropólogo se recusará a considerar esses fatos menores como variáveis independentes, particularidades isoladas. Ao contrário, ficará admirado com o que eles têm de comum. Em campos diferentes e com modalidades diferentes, trata-se sempre de trazer para si, ou de levar a si mesmo para dentro. Em vez de pôr no início o "eu" como entidade autônoma e já constituída, tudo se passa como se o japonês construísse seu eu partindo do exterior. O "eu" japonês aparece assim não como um dado primitivo mas como um resultado para o qual se tende, sem certeza de atingi-lo. Nada de espantoso se, como me afirmam, a famosa proposta de Descartes "Penso, logo existo" é rigorosamente intraduzível em japonês. Em campos tão variados como a língua falada, as técnicas artesanais, as preparações culinárias, a história das ideias (eu poderia acrescentar a arquitetura doméstica, pensando nas numerosas acepções que os senhores dão à palavra "*uchi*"),* uma diferença ou, mais exata-

* *Uchi* significa ao mesmo tempo a casa como construção, o interior, a família, o grupo íntimo, a empresa para os homens de negócios, em linguagem popular.

mente, um sistema de diferenças invariantes se manifesta em nível profundo entre o que, para simplificar, chamarei de alma ocidental e de alma japonesa, que se pode resumir pela oposição entre um movimento centrípeto e um movimento centrífugo. Esse esquema servirá ao antropólogo de hipótese de trabalho para tentar melhor compreender a relação entre as duas civilizações.

Para o antropólogo, enfim, a busca de uma objetividade total só pode se situar num nível em que os fenômenos guardem um significado para uma consciência coletiva. É esta uma diferença essencial entre o gênero de objetividade à qual aspira a antropologia e aquela com que se contentam as outras ciências sociais. As realidades que visam, por exemplo, a ciência econômica ou a demografia não são menos objetivas, mas não se pensa em lhes pedir para ter um sentido na experiência vivida do sujeito, que aí não encontra objetos como o valor, a rentabilidade, a produtividade marginal ou a população máxima. Essas são noções abstratas, situadas fora do campo das relações pessoais, dos laços concretos entre os indivíduos, que são a marca das sociedades pelas quais se interessam os antropólogos.

Nas nossas sociedades modernas, as relações com o outro não são mais, senão de modo ocasional e fragmentário, fundadas nessa experiência global, nessa apreensão concreta dos sujeitos uns pelos outros. Elas resultam, na maioria, de reconstruções indiretas com o auxílio de documentos escritos. Estamos ligados a nosso passado, não mais por uma tradição oral que supõe um contato vivido com pessoas, mas por livros e outros documentos empilhados nas bibliotecas, por meio dos quais a crítica se empenha em reconstituir o rosto de seus autores. E no presente nos comunicamos com a imensa maioria de nossos contemporâneos por intermediários de toda espécie — documentos escritos ou mecanismos administrativos — que multiplicam imensamente nossos contatos mas ao mesmo tempo lhes conferem um caráter de inautenticidade. Este marca doravante com seu selo as relações entre os cidadãos e os poderes.

A perda de autonomia, o afrouxamento do equilíbrio interno que resultou da expansão das formas indiretas de comunicação (livro, fotografia, imprensa, rádio, televisão) destacam-se no primeiro plano das preocupações dos teóricos da comunicação. Desde 1948 as encontramos na pluma do grande matemático Norbert Wiener, criador, com Von Neumann, da cibernética, e, com Claude Shannon, da teoria da informação.

Raciocinando sobre bases totalmente diferentes das do antropólogo, Wiener observava no último capítulo de seu livro fundamental *Cybernetics. Control and Communication in the Animal and the Machine* (1948) — cito: "As pequenas comunidades estreitamente soldadas têm um grau de homeostasia considerável; e isso, que se trate de comunidades muito cultas no seio de um país civilizado ou de aldeias de selvagens primitivos". E prosseguia: "Portanto, não é surpreendente que as grandes coletividades, expostas a influências perturbadoras, contenham muito menos informações acessíveis a todos do que as pequenas, para nada dizer dos elementos humanos de que são feitas todas as comunidades".*

Sem dúvida, as sociedades modernas não são completamente inautênticas. Virando-se hoje para o estudo das sociedades modernas, o antropólogo se empenha em detectar e isolar *níveis de autenticidade*. O que permite ao antropólogo encontrar um terreno familiar quando estuda uma aldeia ou um bairro de grande cidade é que todos ali conhecem a todos ou quase todos. Um antropólogo se sente à vontade numa aldeia de quinhentos

* Norbert Wiener. *Cybernetics. Control and Communication in the Animal and the Machine.* Traduzido para o francês por Paul Chemla. Paris: Librairie Hermann & Cie, 1948, pp. 187-8.

habitantes, ao passo que uma cidade grande ou mesmo média lhe resiste. Por quê? Porque 50 mil pessoas não constituem uma sociedade da mesma maneira que quinhentas. No primeiro caso, a comunicação não se estabelece principalmente entre as pessoas, ou a partir do modelo das comunicações interpessoais. A realidade social dos "emissores" e dos "receptores" (para falar a linguagem dos teóricos da comunicação) desaparece atrás da complexidade dos "códigos" e dos "retransmissores".

O futuro decerto julgará que a mais importante contribuição teórica da antropologia às ciências sociais vem dessa distinção capital entre duas modalidades de existência social: um gênero de vida percebido, primeiro, como tradicional e arcaico, mas que é aquele das sociedades autênticas; e formas de aparição mais recente, de que o primeiro tipo não está ausente mas em que grupos imperfeita e incompletamente autênticos emergem como pequenas ilhas na superfície de um conjunto mais vasto, ele mesmo atingido pela inautenticidade.

"NA PERSPECTIVA OCIDENTAL QUE É A MINHA"

No entanto, não se deveria reduzir a antropologia ao estudo de sobrevivências que iríamos buscar muito longe ou muito perto. O que importa antes de tudo não é o arcaísmo dessas formas de vida mas as diferenças que oferecem entre si ou com aquelas que se tornaram as nossas.

Os primeiros trabalhos sistematicamente dedicados aos costumes e às crenças dos povos selvagens não datam de aquém de 1850, isto é, da época em que Darwin lançava os fundamentos do evolucionismo biológico, ao qual respondia, no espírito de seus contemporâneos, a crença numa evolução social e cultural. E é mais tarde ainda, no primeiro quarto do século XX, que os objetos ditos "negros" ou "primitivos" foram reconhecidos como tendo um valor estético.

Estaríamos errados ao concluir daí que a antropologia é uma ciência nova, oriunda das curiosidades do homem moderno. Quando nos esforçamos para pô-la em perspectiva, para lhe atribuir um lugar na história das ideias, a antropologia aparece, ao contrário, como a expressão mais geral e o ponto conclusivo de uma atitude intelectual e moral que teve seu nascimento há vários séculos e que designamos com a palavra "humanismo".

Permitam-me colocar-me um instante na perspectiva ocidental que é a minha. Quando, na Europa, os homens do Renascimento redescobriram a Antiguidade greco-romana, e quando os jesuítas fizeram do latim a base da formação escolar e universitária, não era esse, já, um procedimento antropológico? Reconhecia-se que uma civilização não pode ela mesma se pensar caso não disponha de uma ou de várias outras para servir de termos de comparação. Para conhecer e compreender sua própria cultura, é preciso aprender a olhá-la do ponto de vista de outra: um pouco à maneira do ator de nô de que fala o grande Zeami, que, para julgar o próprio jogo, deve aprender a ver a si próprio como se fosse o espectador.

Na verdade, quando procurei o título que poderia dar a um livro publicado em 1983, para fazer o leitor captar a dupla essência da reflexão antropológica, que consiste, de um lado, em olhar muito longe, para culturas muito diferentes daquela do observador, mas também, para o observador, em olhar sua própria cultura de longe, como se ele mesmo pertencesse a uma cultura diferente, o título que finalmente escolhi, *Le Regard éloigné* [O olhar distanciado], me foi inspirado pela leitura de Zeami. Com o auxílio de meus colegas japonólogos, simplesmente transpus em francês a fórmula *riken no ken* que ele emprega para designar o olhar do ator olhando para si mesmo como se ele fosse o público.

Da mesma maneira, os pensadores do Renascimento nos ensinaram a pôr nossa cultura em perspectiva, a confrontar nossos costumes e nossas crenças com as de outros tempos e outros lugares. Em resumo, criaram os instrumentos do que se poderia chamar uma técnica de desenraizamento.

Não foi esse também o caso do Japão, quando a escola chamada de "nativista", de Motoori Norinaga, empreendeu destacar os caracteres específicos, a seus olhos, da cultura e da civilização japonesas? É iniciando um diálogo apaixonado com a China que ele consegue fazê-lo. Motoori confronta as duas culturas, e é destacando certos traços, típicos em seu entender da cultura chinesa — "pomposa verbosidade", como diz, gosto pelo taoismo para as afirmações categóricas e arbitrárias —, que ele consegue, por contraste, definir a essência da cultura japonesa: sobriedade, concisão, discrição, economia de meios, sentimento de impermanência e da pungência das coisas (*mono no aware*), relatividade de qualquer saber...

Esse modo de ver a China como meio de afirmar a especificidade da cultura japonesa foi vulgarizado de maneira muito sugestiva nas estampas sobre temas chineses — ilustrações do romance *Suikoden* e de relatos guerreiros tirados do *Kanjo* — produzidas por Kuniyoshi e Kunisada em torno de 1830. Elas manifestam um gosto marcado pela ênfase, o estilo flamejante, o barroco exacerbado, a riqueza e a complicação dos detalhes vestimentares, muito afastado das tradições do *ukiyo-e*. Essas estampas refletem uma interpretação tendenciosa, sem dúvida, da China antiga, mas que se pretenderia etnográfica.

Na época de Motoori, o Japão só tinha conhecimento direto ou indireto da China ou da Coreia. Na Europa também, a diferença entre cultura clássica e cultura antropológica decorre das dimensões do mundo conhecido nessas épocas respectivas.

No início do Renascimento, o universo humano é circunscrito pelos limites da bacia mediterrânea. Quanto ao resto, apenas se suspeita de sua existência. Mas já se compreendeu que nenhuma fração da humanidade pode aspirar a se compreender, senão por referência a outras.

Nos séculos XVIII e XIX, o humanismo se alarga com o avanço da exploração geográfica. A China, a Índia, o Japão se inscrevem progressivamente no quadro. Interessando-se hoje pelas últimas civilizações ainda mal conhecidas ou negligenciadas, a antropologia faz o humanismo transpor sua terceira etapa. Com certeza ela será também a última, já que depois disso o homem não terá mais nada a descobrir sobre si mesmo, pelo menos na extensão (pois existe outra pesquisa, esta em profundidade, da qual não estamos prestes a alcançar o fim).

O problema comporta outro aspecto. Os dois primeiros humanismos, um limitado ao mundo mediterrâneo, e outro englobando o Oriente e o Extremo Oriente, viam sua extensão limitada não só em superfície mas também em natureza. Tendo desaparecido as civilizações antigas, não era possível atingi-las senão através dos textos e dos monumentos. Quanto ao Oriente e ao Extremo Oriente, onde não se esbarrava na mesma dificuldade, o método continuava a ser o mesmo porque, acreditava-se, civilizações tão longínquas e tão diferentes só mereciam interesse por suas produções mais eruditas e mais requintadas.

O campo da antropologia compreende civilizações de outro tipo que também apresentam problemas diferentes. Sendo sem escrita, elas não fornecem documentos escritos. E como seu nível técnico é geralmente muito baixo, a maioria não deixou monumentos figurados. Daí a necessidade de dotar o humanismo de novos instrumentos de investigação.

Os meios de que dispõe a antropologia são a um só tempo mais exteriores e mais interiores (também se poderia dizer: mais grossos e mais finos) que aqueles de suas predecessoras: a filologia e a história. Para penetrar nas sociedades de acesso difícil, o antropólogo deve se pôr muito no exterior (como fazem a antropologia física, a pré-história, a tecnologia) e também muito no interior, pela identificação do etnólogo com o grupo cuja existência ele divide, e pela importância que ele deve atribuir — na falta de outros meios de informação — aos menores matizes da vida psíquica dos indígenas.

Sempre aquém e além do humanismo tradicional, a antropologia o transborda em todos os sentidos. Seu terreno engloba a totalidade da terra habitada, ao passo que seu método reúne processos que dizem respeito a todas as formas do saber: ciências humanas e ciências naturais.

Sucedendo-se no tempo, os três humanismos se integram, portanto, e fazem avançar o conhecimento do homem em três direções: na superfície, sem dúvida, mas é o aspecto mais "superficial" no sentido próprio como no sentido figurado. Em riqueza dos meios de investigação, já que percebemos pouco a pouco que, se a antropologia foi obrigada a forjar novos modos de conhecimento em função dos caracteres particulares das sociedades "residuais" que lhe eram deixadas como quinhão, esses modos de conhecimento podem ser aplicados com proveito ao estudo de todas as sociedades, inclusive a nossa.

Mas há mais: o humanismo clássico não era restrito somente a seu objeto, como também aos beneficiários, que formavam a classe privilegiada.

O humanismo exótico do século XIX se viu ele mesmo ligado aos interesses industriais e comerciais que lhe serviam de suporte e aos quais ele devia o fato de existir. Depois do humanismo aristocrático do Renascimento e do humanismo burguês do século XIX, a antropologia marca, assim, o advento, para o mundo acabado que se tornou o nosso planeta, de um humanismo duplamente universal.

Buscando sua inspiração no seio das sociedades mais humildes e por muito tempo desprezadas, ela proclama que nada de humano deveria ser alheio ao homem. Funda assim um humanismo democrático que ultrapassa aqueles que o precederam, criados para os privilegiados, a partir de civilizações privilegiadas. E, mobilizando métodos e técnicas emprestados de todas as ciências para fazê-las servir ao conhecimento do homem, apela para a reconciliação do homem e da natureza num humanismo generalizado.

Se compreendo bem o tema que os senhores me pediram para tratar nestas conferências, a questão será, para nós, saber se essa terceira forma de humanismo, constituída pela antropologia, se mostrará mais capaz que as formas anteriores de trazer soluções aos grandes problemas com os quais a humanidade de hoje está confrontada. Durante três séculos, o pensamento humanista terá alimentado e inspirado a reflexão e a ação do homem ocidental. E hoje verificamos que ele terá sido impotente para evitar os massacres em escala planetária que foram as guerras mundiais, a miséria e a subnutrição que castigam de forma crônica grande parte da terra habitada, a poluição do ar e da água, a pilhagem dos recursos e das belezas naturais...

O humanismo antropológico será mais capaz que os outros de trazer respostas às interrogações que nos assaltam?

Nas conferências seguintes, tentarei definir e delimitar algumas grandes questões às quais a antropologia pode, creio, nos ajudar a responder. Para concluir hoje, gostaria de indicar uma contribuição da antropologia que, mesmo sendo modesta, oferece ao menos a vantagem de ser certa. Pois um dos benefícios da antropologia — talvez, no final das contas, seu benefício essencial — é nos inspirar, a nós, membros de civilizações ricas e poderosas, uma certa humildade, ensinar-nos uma sabedoria.

Os antropólogos estão aí para testemunhar que a maneira como vivemos, os valores em que acreditamos, não são os únicos possíveis; que outros gêneros de vida, outros sistemas de valores permitiram, permitem ainda a comunidades humanas encontrar a felicidade. A antropologia nos convida, portanto, a temperar nossa gloríola, a respeitar outros modos de viver, a nos recolocar em questão pelo conhecimento de outros usos que nos surpreendem, nos chocam ou nos repugnam — um pouco à maneira de Jean-Jacques Rousseau, que preferia acreditar que os gorilas, pouco antes descritos pelos viajantes de seu tempo, eram homens, a correr o risco de recusar a qualidade de homens a seres que, talvez, revelassem um aspecto ainda desconhecido da natureza humana.

As sociedades estudadas pelos antropólogos ministram lições ainda mais dignas de ser ouvidas na medida em que, por todas as espécies de regras — que, como eu dizia há pouco, estaríamos errados de considerar meras superstições —, elas souberam estabelecer entre o homem e o meio natural um equilíbrio que não sabemos mais garantir. Vou me deter um instante neste ponto.

UM "OPTIMUM DE DIVERSIDADE"

Na França, no século XIX, o filósofo Auguste Comte formulou uma lei da evolução humana chamada dos três estados, segundo a qual a humanidade teria passado por dois estados sucessivos: religioso, depois metafísico, e estaria prestes a aceder a um terceiro estado positivo e científico.

Talvez a antropologia nos revele uma evolução do mesmo tipo, embora o conteúdo e o significado de cada estado sejam diferentes dos concebidos por Comte.

Sabemos hoje que povos qualificados de "primitivos", ignorando a agricultura e a criação, ou praticando somente uma agricultura rudimentar, às vezes sem conhecimento da cerâmica e da tecelagem, vivendo principalmente de caça e pesca, de colheita e apanhadura de produtos selvagens, não estão atenazados pelo temor de morrer de fome e pela angústia de não conseguir sobreviver num meio hostil.

Seu pequeno efetivo demográfico, seu conhecimento prodigioso dos recursos naturais lhes permitem viver no que hesitaríamos talvez chamar de abundância. E no entanto — estudos minuciosos mostraram na Austrália, na América do Sul, na Melanésia e na África —, de duas a quatro horas de trabalho cotidiano bastam amplamente a seus membros ativos para garantir a subsistência de todas as famílias, inclusive das crianças e dos velhos que não participam ainda ou não participam mais da produção alimentícia. Que diferença com o tempo que nossos contemporâneos passam na fábrica ou no escritório!

Seria, pois, falso acreditar que esses povos são escravos dos imperativos do meio. Muito ao contrário, gozam diante do meio de maior independência que os cultivadores e os criadores. Dispõem de mais tempo livre que lhes permite atribuir um amplo espaço ao imaginário, interpor entre si e o mundo externo, como almofadas amortecedoras, crenças, devaneios, ritos, em suma, todas essas formas de atividade que chamaríamos de religiosa e artística.

Admitamos que, desse ponto de vista, a humanidade tenha vivido num estado comparável durante centenas de milênios. Observaríamos então que com a agricultura, a criação, e depois a industrialização, cada vez mais ela "engatou", se ouso dizer, estreitamente no real. Mas, no século XIX e até hoje, esse engate se operava indiretamente, por intermédio de concepções filosóficas e ideológicas.

Totalmente outro é o mundo em que penetramos hoje em dia: mundo em que a humanidade se encontra abruptamente confrontada com determinismos mais duros. São aqueles que resultam de seu enorme efetivo demográfico, da quantidade cada vez mais limitada de espaço livre, ar puro, água não poluída de que ela dispõe para satisfazer suas necessidades biológicas e psíquicas.

Nesse sentido, podemos nos perguntar se as explosões ideológicas que se produzem há quase um século e continuam a se produzir — as do comunismo e do marxismo, a do totalitarismo, que não perderam sua força no Terceiro Mundo, e esta mais recente do integrismo islâmico — não constituem reações de revolta diante das condições de existência em ruptura brutal com as do passado.

Produziu-se um divórcio, um fosso se cava entre os dados da sensibilidade, que para nós não têm mais significado geral fora daqueles, restritos e rudimentares, que eles nos fornecem sobre o estado de nosso organismo, e um pensamento abstrato em que se concentram todos os nossos esforços para conhecer e para compreender o universo. Nada nos afasta mais desses povos estudados pelos antropólogos, para quem cada cor, cada textura, cada odor, cada sabor têm um sentido.

Esse divórcio é irrevogável? Nosso mundo vai talvez rumo a um cataclismo demográfico ou a uma guerra atômica que exterminará três quartos da humanidade. Nesse caso, o quarto restante reencontrará condições de existência não tão diferentes daquelas das sociedades em vias de extinção de que falei.

Mas, mesmo afastando hipóteses tão aterradoras, podemos nos perguntar se sociedades que se tornam enormes, cada uma por sua conta, e que tendem a se tornar parecidas umas com as outras, não recriarão fatalmente em seu próprio seio diferenças situadas em outros eixos que não aqueles em que se desenvolvem similaridades. Talvez exista um *optimum de diversidade* que, sempre e em qualquer lugar, se imponha à humanidade para que ela permaneça viável. Esse *optimum* variaria em função do número das sociedades, de sua importância numérica, de seu afastamento geográfico e dos meios de comunicação de que dispõem. Pois esse problema da diversidade não se apresenta apenas a respeito das culturas encaradas em suas relações recíprocas.

Apresenta-se também em cada sociedade que reúne em seu seio grupos ou subgrupos que não são homogêneos: castas, classes, meios profissionais ou confessionais... Esses grupos desenvolvem entre si diferenças às quais cada um dá grande importância, e é possível que essa diversificação interna tenda a crescer quando a sociedade se tornar mais numerosa e mais homogênea de outros pontos de vista.

Provavelmente os homens elaboraram culturas diferentes em razão do afastamento geográfico, das características particulares do meio onde se encontravam, da ignorância em que estavam de outros tipos de sociedades. Mas, ao lado das diferenças decorrentes do isolamento, há aquelas, igualmente importantes, devidas à proximidade: desejo de se opor, de se distinguir, de ser si mesmo. Muitos costumes nasceram não de alguma necessidade interna ou de um acidente favorável, mas unicamente da vontade de não ficar para trás em relação a um grupo vizinho que submetia a normas precisas um campo de pensamento ou de atividade em que o outro grupo não tinha pensado em estabelecer regras.

A atenção e o respeito demonstrados pelo antropólogo às diferenças entre as culturas como àquelas próprias a cada uma constituem o essencial de seu procedimento. Assim, o antropólogo não procura elaborar uma lista de receitas em que cada sociedade irá se servir segundo seu estado de espírito toda vez que perceber em seu seio uma imperfeição ou uma lacuna. As fórmulas próprias a cada sociedade não são transponíveis a nenhuma outra.

O antropólogo apenas convida cada sociedade a não acreditar que suas instituições, seus costumes e suas crenças são os únicos possíveis; ele a dissuade de imaginar que, pelo fato de que os julga bons, essas instituições, esses costumes e crenças estão inscritos na natureza das coisas e que é possível impunemente impô-los a outras sociedades cujo sistema de valores é incompatível com o seu.

Eu dizia há pouco que a mais alta ambição da antropologia é inspirar aos indivíduos e aos governos uma certa sabedoria. Não posso lhes oferecer melhor exemplo que o testemunho de um antropólogo americano que foi Public Affairs Officer do general MacArthur durante a ocupação do Japão. Li dele uma entrevista em que conta como a publicação, em 1946, do famoso livro de Ruth Benedict, *The Chrysanthemum and the Sword*, dissuadiu o ocupante americano de impor ao Japão a abolição do regime imperial, contrariamente à sua primeira intenção. Ruth Benedict, que conheci bem, nunca foi ao Japão antes de escrever seu livro; e, tanto quanto sei, tinha trabalhado em campos muito diferentes. Mas era antropóloga, e portanto pode-se creditar ao espírito antropológico, à sua inspiração e a seus métodos, ainda que abordando uma cultura de muito longe e sem experiência prévia, o fato de ter sabido penetrar em sua estrutura e ter lhe evitado um desmoronamento cujas consequências teriam sido ainda mais trágicas, talvez, que as da derrota militar.

Como primeira lição, a antropologia nos ensina que cada costume, cada crença, por mais chocantes ou irracionais que possam nos parecer quando os comparamos com os nossos, fazem parte de um sistema cujo equilíbrio interno se estabeleceu ao longo dos séculos, e que, desse conjunto, não se pode suprimir um elemento sem correr o risco de destruir todo o resto. Ainda que ela não trouxesse outros ensinamentos, só este bastaria para justificar o lugar cada vez mais importante que a antropologia ocupa entre as ciências do homem e da sociedade.

2. Três grandes problemas contemporâneos: a sexualidade, o desenvolvimento econômico e o pensamento mítico

Em minha primeira conferência, disse que tentaria definir e delimitar alguns problemas que se apresentam ao homem moderno, e para cuja solução o estudo das sociedades sem escrita pode em parte contribuir. Para isso, terei de considerar essas sociedades sob três ângulos: sua organização familiar e social, sua vida econômica e por fim seu pensamento religioso.

Quando se consideram de um ponto de vista muito geral as características comuns às sociedades estudadas pelos antropólogos, impõe-se uma constatação: como indiquei brevemente, essas sociedades apelam para o parentesco de maneira muito mais sistemática do que é o caso hoje entre nós.

Primeiro, utilizam as relações de parentesco e de casamento para definir o pertencimento ou o não pertencimento ao grupo. Muitas dessas sociedades recusam aos povos estrangeiros a qualidade de seres humanos. E, se a humanidade cessa nas fronteiras do grupo, ela é reforçada, no interior, por uma qualidade suplementar: os membros do grupo não são apenas os únicos humanos, os únicos verdadeiros, os únicos excelentes. Eles não são apenas concidadãos, mas parentes de fato ou de direito.

Em segundo lugar, essas sociedades consideram o parentesco e as noções a ele vinculadas como anteriores e exteriores às relações biológicas, tal como a filiação pelo sangue, às quais nós mesmos tendemos a reduzi-las. Os laços biológicos fornecem o modelo sobre o qual são concebidas as relações de parentesco, mas estas oferecem ao pensamento um quadro de classificação lógica. Uma vez concebido, esse quadro permite distribuir os indivíduos em categorias preestabelecidas atribuindo a cada um seu lugar no seio da família e da sociedade.

Por fim, essas relações e essas noções compenetram o campo inteiro da vida e das atividades sociais. Reais, postuladas ou inferidas, elas implicam direitos e deveres bem definidos, diferentes para cada tipo de parentes. De modo mais geral, pode-se dizer que nessas sociedades o parentesco e os laços do casamento constituem uma linguagem comum, própria a expressar todas as relações sociais: econômicas, políticas, religiosas etc., e não apenas familiares.

GENITOR, EMPRESTADORA DE ÚTERO E FILIAÇÃO SOCIAL

A primeira exigência que se impõe às sociedades humanas é se reproduzir, em outras palavras, manter-se no tempo. Toda sociedade deve, portanto, possuir uma regra de filiação que permita definir o pertencimento de cada novo membro ao grupo; um sistema de parentesco que determine a maneira como se classificarão os parentes, consanguíneos ou aliados; por fim, regras que definam as modalidades da aliança matrimonial estimulando quem se pode ou não se pode desposar. Toda sociedade deve também dispor de mecanismos para remediar a esterilidade.

Ora, é esse problema dos remédios à esterilidade que se apresenta de modo muito agudo nas sociedades ocidentais desde que elas descobriram os meios para assistir a procriação, ou obtê-la artificialmente. Não sei como se passa no Japão. Mas o assunto obceca os espíritos na Europa, nos Estados Unidos, na Austrália, países onde comissões foram oficialmente constituídas para debatê-lo. As assembleias parlamentares, a imprensa e a opinião pública ecoam amplamente esses debates.

De que se trata exatamente? Agora é possível — ou, para certos processos, breve o será — que um casal com um dos membros, ou ambos, estéril tenha filhos, empregando diversos métodos: inseminação artificial, dom de óvulo, empréstimo ou aluguel de útero, congelamento de embrião, fecundação in vitro com espermatozoides provenientes do marido ou de outro homem, óvulo proveniente da esposa ou de outra mulher.

As crianças nascidas de tais manipulações poderão, portanto, dependendo do caso, ter um pai e uma mãe, como é normal, uma mãe e dois pais, duas mães e um pai, duas mães e dois pais, três mães e um pai, e até três mães e dois pais quando o genitor não for o mesmo homem que o pai, e quando três mulheres intervierem: a que dá um óvulo, a que empresta seu útero e a que será a mãe legal da criança...

Não é tudo, pois nos encontramos confrontados com situações em que uma mulher pede para ser inseminada com o esperma congelado de seu marido defunto, ou então em que duas mulheres homossexuais solicitam a possibilidade de ter juntas um filho proveniente do óvulo de uma, fecundado artificialmente por um doador anônimo e logo implantado no útero da outra. Tampouco se vê por que o esperma congelado de um bisavô não poderia ser utilizado, um século depois, para fecundar uma bisneta; o filho seria então tio-bisavô de sua mãe e irmão do próprio bisavô.

Os problemas assim colocados são de duas ordens, uns de natureza jurídica, outros de natureza psicológica e moral.

Quanto ao primeiro aspecto, os direitos dos países europeus se contradizem. No direito inglês, a paternidade social não existe, nem mesmo como ficção jurídica, e o doador de esperma pode, portanto, reivindicar legalmente o filho ou ser obrigado a arcar com seu sustento. Na França, ao contrário, o código Napoleão, fiel ao velho adágio *Pater is est quem nuptiae demonstrant*, decide que o marido da mãe é o pai legal da criança. Mas o próprio direito francês se contradiz, já que uma lei de 1972 autoriza as ações de busca de paternidade. Se o social ou se o biológico, não se sabe, portanto, qual aspecto prima sobre o outro.

É um fato que, nas sociedades contemporâneas, a ideia de que a filiação decorre de um laço biológico tende a se impor sobre aquela que vê na filiação um laço social. Mas como resolver então os problemas apresentados pela procriação assistida, em que, justamente, o pai legal não é mais o genitor da criança, e em que a mãe, no sentido social e moral do termo, não forneceu, ela mesma, o óvulo, nem talvez o útero em que se desenvolve a gestação?

Por outro lado, quais serão os direitos e os deveres respectivos dos pais sociais e biológicos a partir de então dissociados? Como deverá decidir um tribunal se a emprestadora de útero entrega uma criança malformada e se o casal que apelou para seus serviços a recusa? Ou inversamente, se uma mulher fecundada com o esperma de um marido volta atrás e pretende ficar com a criança como se fosse sua?

Por fim, qualquer uma dessas práticas, desde que é possível, pode ser livremente empregada ou a lei deve autorizar umas e proibir outras? Na Inglaterra, a chamada comissão Warnock (do nome de sua presidenta) recomendou proibir o empréstimo de útero, baseando-se numa distinção entre a maternidade genética, a maternidade fisiológica e a maternidade social, e considerando que, das três, é a maternidade fisiológica que cria o laço mais íntimo entre a mãe e a criança. Se a opinião pública francesa aceita em sua maioria a procriação assistida para permitir a um casal casado resolver um problema de esterilidade, ela passa a ser indecisa no caso de um casal que vive em união livre e naquele de uma mulher desejando ser fecundada com o esperma congelado do marido defunto. E a opinião pública se torna francamente negativa quando se trata de um casal que deseja ter um filho depois da menopausa da mulher, de uma mulher sozinha ou de um casal homossexual desejando ter um filho.

Quanto ao aspecto psicológico e moral, parece que a questão essencial é a da transparência. O dom de esperma ou de óvulo, o empréstimo de útero devem ser anônimos ou os pais sociais e, eventualmente, o próprio filho podem conhecer a identidade dos intervenientes? A Suécia renunciou ao anonimato, a tendência inglesa parece ir na mesma direção, ao passo que na França a opinião e a lei vão no sentido oposto. Mas mesmo os países que admitem a transparência parecem de acordo com os outros para dissociar a procriação da sexualidade, e se poderia até dizer da sensualidade. Pois para nos limitarmos ao caso mais simples, o do dom de esperma, a opinião pública só o julga admissível se ocorrer no laboratório e com a intervenção de um médico: método artificial que exclui entre o doador e a receptora qualquer contato pessoal, qualquer partilha emotiva e erótica. Ora, tanto para o dom de esperma como para o de óvulo, a preocupação de que as coisas ocorram no anonimato parece contrária aos dados universais que, mesmo em nossas sociedades, mas sem dizê-lo, fazem com que esse gênero de serviço se preste, com mais frequência do que se crê, "em família". À guisa de exemplo, citarei um romance inacabado de Balzac, iniciado em 1843, época em que os preconceitos sociais eram bem mais fortes na França do que hoje. Intitulado de modo significativo *Os pequenos burgueses*, esse romance muito documental conta como dois casais de amigos, um fecundo e o outro estéril, se entenderam: a mulher fecunda se encarregou de fazer um filho com o marido da mulher estéril. A filha nascida dessa união foi cercada de uma ternura idêntica pelos dois casais, que moravam no mesmo prédio, e todos ao redor deles conheciam a situação.

Portanto, são as novas técnicas de procriação assistida, possibilitadas pelo progresso da biologia, que puseram em desordem o pensamento contemporâneo. Num campo essencial à manutenção da ordem social, nossas ideias jurídicas, nossas crenças morais e filosóficas se revelam incapazes de encontrar respostas para situações novas. Como definir a relação entre o parentesco biológico e a filiação social que agora se tornaram distintas? Quais serão as consequências morais e sociais da dissociação da sexualidade e da procriação? Deve-se ou não reconhecer o direito do indivíduo de procriar, se se pode dizer assim, "sozinho"? Uma criança tem o direito de aceder às informações essenciais relativas à origem étnica e à saúde genética de seu procriador? Até que ponto e em que limites é possível transgredir as regras biológicas que os fiéis da maioria das religiões continuam a considerar instituição divina?

PROCRIAÇÃO ARTIFICIAL: MULHERES VIRGENS E CASAIS HOMOSSEXUAIS

Sobre todas essas questões, os antropólogos têm muito a dizer, porque as sociedades que eles estudam pensaram nesses problemas e oferecem soluções. Evidentemente, essas sociedades ignoram as técnicas modernas de fecundação in vitro, de retirada de óvulo ou de embrião, de transferência, de implantação e de congelamento. Mas imaginaram e puseram em prática fórmulas equivalentes, ao menos quanto ao aspecto jurídico e psicológico. Permitam-me dar alguns exemplos.

A inseminação com doador tem seu equivalente na África, entre os Samo, de Burkina Faso, estudados por minha colega Françoise Héritier-Augé, que me sucedeu no Collège de France. Nessa sociedade, cada menina é casada muito cedo, mas antes de ir viver com o esposo ela deve, durante três anos ou mais, ter um amante de sua escolha e oficialmente reconhecido como tal. Ela leva para o marido o primeiro filho nascido das artes do amante, mas que será considerado como o primeiro nascido da união legítima. De seu lado, um homem pode ter várias esposas legítimas, mas se elas o abandonam ele continuará a ser o pai legal de todos os filhos que elas puserem no mundo em seguida. Em outras populações africanas, o marido tem também um direito sobre todos os filhos a nascer, contanto que esse direito seja reinstaurado depois de cada nascimento por meio da primeira relação sexual *post partum*. Essa relação designa o homem que será o pai legal do próximo filho. Um homem casado cuja mulher é estéril pode, assim, mediante pagamento, se entender com uma mulher fecunda para que ela o designe. Nesse caso, o marido legal é doador inseminador, e a mulher aluga seu ventre a outro homem, ou a um casal sem filhos. Portanto, a questão, candente na França, de saber se a emprestadora de útero deve fazê-lo gratuitamente ou se pode receber uma remuneração não se coloca.

Entre os índios Tupi-Kawahib do Brasil, que visitei em 1938, um homem pode se casar simultaneamente ou em sucessão com várias irmãs, ou com uma mãe e sua filha de uma união anterior. Essas mulheres criam em comum os filhos sem se preocupar, pareceu-me, se o filho de que esta ou aquela mulher cuida é o seu ou o de outra esposa de seu marido. A situação simétrica prevalece no Tibete, onde vários irmãos têm em comum uma só esposa. Todos os filhos são atribuídos ao mais velho, a quem eles chamam de pai. Chamam de tio aos outros maridos. Em tais casos, a paternidade ou a maternidade individual são ignoradas, ou não são levadas em conta.

Voltemos à África, onde os Nuer, do Sudão, assimilam a mulher estéril a um homem. Na qualidade de "tio paterno", ela recebe, portanto, o gado que representa "o preço da noiva" (em inglês, *bride price*) pago para o casamento de suas sobrinhas, e ela o utiliza para comprar uma esposa que lhe dará filhos graças aos serviços remunerados de um homem, volta e meia um estrangeiro. Entre os Yoruba, da Nigéria, mulheres ricas também podem adquirir esposas que elas incitam a ir viver com um homem. Quando nascem filhos, a mulher, "esposo" legal, os reivindica, e os procriadores reais, se querem conservá-los, devem pagar a ela generosamente.

Em todos esses casos, casais formados por duas mulheres e que, literalmente falando, chamaríamos de homossexuais praticam a procriação assistida para ter filhos dos quais uma das mulheres será o pai legal, a outra, a mãe biológica.

As sociedades sem escrita conhecem também equivalentes da inseminação *post mortem* que os tribunais franceses proíbem, enquanto na Inglaterra a comissão Warnock propõe uma lei que exclua da sucessão e da herança do pai qualquer filho que não esteja em estado de feto no útero da mãe no momento do falecimento do marido. E, no entanto, uma instituição atestada há milênios (pois já existia entre os antigos hebreus), o levirato, permitia e até mesmo às vezes impunha ao irmão caçula que engendrasse em nome de seu irmão morto. Entre os Nuer sudaneses de que falei, se um homem morria solteiro ou sem descendência, um parente próximo podia se servir do gado do defunto para comprar uma esposa. Esse "casamento fantasma", como dizem os Nuer, o autorizava a engendrar em nome do defunto, já que este último fornecera a compensação matrimonial criadora da filiação.

Embora, em todos os exemplos que dei, o estatuto familiar e social da criança se determine em função do pai legal (ainda que este seja uma mulher), essa criança nem por isso deixa de conhecer a identidade de seu genitor, e laços de afeição os unem. Ao contrário do que tememos, a transparência não causa na criança um conflito resultante do fato de que seu procriador biológico e seu pai social sejam indivíduos diferentes.

Essas sociedades tampouco sentem um temor do gênero do que provoca entre nós a inseminação com o esperma congelado do marido defunto ou até mesmo, teoricamente falando, de um ancestral afastado: para muitas delas, os filhos são supostamente a reencarnação de um ancestral que escolhe reviver nessa criança. E o "casamento fantasma" dos Nuer admite um requinte suplementar caso o irmão, substituindo-se ao defunto, não tenha engendrado por conta própria. O filho gerado em nome do defunto (e que seu pai biológico considera, portanto, como sobrinho) poderá prestar ao pai biológico o mesmo serviço. Sendo então esse genitor o irmão de seu pai legal, os filhos que ele puser no mundo serão legalmente seus primos.

Todas essas fórmulas oferecem outras tantas imagens metafóricas antecipadas das técnicas modernas. Verificamos assim que o conflito que tanto nos embaraça entre a procriação biológica e a paternidade social não existe nas sociedades estudadas pelos antropólogos. Elas dão, sem hesitar, a primazia ao social, sem que os dois aspectos se choquem na ideologia do grupo ou no espírito dos indivíduos.

Se insisti nesses problemas, foi porque eles mostram muito bem, parece-me, qual o gênero de contribuição que a sociedade contemporânea pode esperar das pesquisas antropológicas. O antropólogo não propõe a seus contemporâneos adotar as ideias e os costumes desta ou daquela população exótica. Nossa contribuição é muito mais modesta, e se exerce em duas direções. Primeiro, a antropologia revela que o que consideramos como "natural", baseado na ordem das coisas, reduz-se a dificuldades e a hábitos mentais próprios a nossa cultura. Portanto, ela nos ajuda a nos livrarmos de nossas viseiras, a compreender como e por que outras sociedades podem considerar simples e óbvios costumes que, para nós, parecem inconcebíveis ou mesmo escandalosos.

Em segundo lugar, os fatos que recolhemos representam uma experiência humana muito vasta, já que provêm de milhares de sociedades que se sucederam ao longo dos séculos, às vezes de milênios, e que se repartem em toda a extensão da terra habitada. Ajudamos assim a destacar o que podemos considerar como os "universais" da natureza humana, e podemos sugerir em que quadros se desenvolverão evoluções ainda incertas, mas que estaríamos errados em denunciar de antemão como desvios ou perversões.

O grande debate que atualmente se desenrola a respeito da procriação assistida é saber se convém legislar, sobre o que e em que direção. Nas comissões e nos outros organismos instituídos pelos poderes públicos de vários países têm assento representantes da opinião pública, juristas, médicos, sociólogos, às vezes antropólogos. É impressionante que estes ajam por todo lado na mesmo direção: contra uma pressa demasiado grande em legislar, em permitir isto e proibir aquilo.

Aos juristas e moralistas impacientes demais, os antropólogos prodigalizam conselhos de liberalismo e de prudência. Fazem valer que mesmo as práticas e as aspirações que mais chocam a opinião pública — procriação assistida posta a serviço de mulheres virgens, solteiras, viúvas, ou a serviço de casais homossexuais — têm seu equivalente em outras sociedades que se comportam bastante bem.

Portanto, desejam que deixemos as coisas correr, e que nos entreguemos à lógica interna de cada sociedade para criar em seu seio, ou para dela eliminar, as estruturas familiares e sociais que se revelarão viáveis e as que gerarão contradições que só pelo uso poderão se revelar insuperáveis.

DO SÍLEX DA PRÉ-HISTÓRIA À CADEIA INDUSTRIAL MODERNA

Passo agora a meu segundo capítulo: o da vida econômica.

Nesse setor também o interesse das pesquisas antropológicas é nos revelar modelos muito diferentes dos nossos, portanto nos incitar a refletir sobre estes, eventualmente até a questioná-los.

Nas fronteiras da antropologia e da ciência econômica, um debate deu o que falar nestes últimos anos: as grandes leis da ciência econômica são aplicáveis a todas as sociedades ou somente àquelas que, como as nossas, funcionam sob o regime de uma economia de mercado?

Nas sociedades antigas, nas sociedades camponesas recentes ou contemporâneas, e também nas estudadas pelos antropólogos, no mais das vezes é impossível separar os aspectos que chamamos econômicos de todos os outros. Não é possível reduzir a atividade econômica exercida pelos membros dessas sociedades a um cálculo racional cujo único objetivo seria maximizar os ganhos e minimizar as perdas. Nessas sociedades, o trabalho não serve apenas para obter um lucro, mas também — talvez se deva dizer sobretudo — para adquirir prestígio e contribuir para o bem da comunidade. Atos que, para nós, teriam um caráter puramente econômico traduzem preocupações a um só tempo técnicas, culturais, sociais e religiosas.

Em menor medida, não é este também o caso entre nós? Se toda a atividade das sociedades de mercado tivesse a ver com as leis econômicas, a ciência econômica seria uma ciência verdadeira, permitindo prever e agir, o que manifestamente não é o caso. Pode-se ver aí a prova de que mesmo nos comportamentos que nos parecem puramente econômicos outros fatores intervêm e mostram o erro da ciência econômica. Mas esses fatores permanecem velados para nós atrás de uma tela de pretensa racionalidade, e o estudo de sociedades diferentes, que lhes dão mais importância, nos ajuda a evidenciá-los.

Então, o que elas nos revelam? Em primeiro lugar, e contrariamente ao que se poderia crer, uma espantosa capacidade para resolver problemas de produção. Mesmo nos tempos longínquos da pré-história, os homens souberam se dedicar em grande escala a atividades industriais. Conhecemos na França, na Bélgica, na Holanda, na Inglaterra sítios de várias dezenas de hectares crivados de poços de mina para a extração do sílex, e onde trabalhavam às centenas operários provavelmente organizados em equipes. Os nódulos de sílex passavam por oficinas tão especializadas quanto os postos de uma cadeia industrial moderna. Em certas oficinas desbastava-se a matéria-prima, em outras cortavam-se as lascas, em outras moldavam-se os esboços para lhes dar uma forma definitiva: picaretas de mineiro, martelos, machados etc. Esses centros mineiros e industriais exportavam seus produtos para várias centenas de quilômetros ao redor, o que supunha uma organização comercial poderosa.

A antropologia fornece indicações da mesma ordem. Por muito tempo nos perguntamos como as populações numerosas cujo trabalho era requisitado para construir as cidades e os monumentos maias do México e da América Central conseguiram viver no local tirando sua subsistência de uma pequena agricultura familiar dispersa, como esta praticada pelos camponeses maias atuais.

Graças às fotografias feitas de avião e de satélite, soubemos há pouco que em terra maia e em diversas regiões da América do

Sul — Venezuela, Colômbia, Bolívia — existiam sistemas agrícolas muito aperfeiçoados. Um deles, na Colômbia, data de uma época que vai do início da era cristã ao século VII. No fim desse período, ele se estendia por 200 mil hectares de terras inundáveis drenadas por milhares de canais entre os quais se cultivava a terra em taludes artificialmente elevados. Unida à pesca nos canais, essa agricultura intensiva conseguia alimentar mais de mil habitantes por quilômetro quadrado.

A antropologia revela, contudo, um paradoxo. Pois, ao lado dessas grandes realizações que demonstram o que, em nossa linguagem, chamaríamos de mentalidade produtivista, existem outras que vão na direção oposta. Esses mesmos povos, ou outros, sabem limitar sua produtividade por processos negativos. Na África, na Austrália, na Polinésia, na América, chefes ou sacerdotes especializados, ou então corpos de polícia organizados para esse fim possuem poderes absolutos para fixar o início e a duração da caça, da pesca e da colheita dos produtos selvagens. A crença, muito espalhada, em "mestres" sobrenaturais de cada espécie animal ou vegetal que castigam os culpados de retiradas excessivas contribui para moderá-las. Da mesma maneira, prescrições rituais e tabus de todo tipo tornam a caça, a pesca ou a colheita atividades graves e com pesadas consequências, que exigem de quem a elas se dedica um comportamento prudente e refletido.

Portanto, em níveis e em terrenos muito variados, as sociedades humanas observam, em matéria econômica, atitudes heterogêneas. Não há um modelo de atividade econômica, mas vários. Os modos de produção estudados pelos antropólogos — colheita e apanhadura, caça e colheita, horticultura, agricultura, artesanato etc. — representam outros tantos tipos diferentes. É difícil reduzi-los, como se acreditava ser possível fazer, a fases sucessivas do desenvolvimento de um modelo único que conduzam, todas, ao estágio mais evoluído: este que nós mesmos propomos como modelo.

Nada mostra isso melhor do que as discussões em curso sobre a origem, o papel e as consequências da agricultura. Sob vários aspectos, a agricultura representou um progresso: fornece mais alimentos num espaço e num tempo determinados, permite uma expansão demográfica mais rápida, um povoamento mais denso, sociedades a um só tempo mais extensas e mais numerosas.

Mas sob outros aspectos constitui uma regressão. Como notei em minha primeira conferência, ela degrada o regime alimentar, desde então limitado a alguns produtos ricos em calorias mas relativamente pobres em princípios nutritivos. Seus resultados são menos seguros, pois basta uma colheita ruim para que a fome se instale. A agricultura também exige mais labor. Poderia mesmo acontecer de ser ela responsável pela propagação das doenças infecciosas, como sugere, na África, a coincidência notável, no tempo e no espaço, da difusão da agricultura e a da malária.

A primeira lição da antropologia em matéria econômica é, pois, que não existe uma só forma de atividade econômica mas várias, que não é possível ordená-las numa escala comum. Elas mais representam escolhas entre soluções possíveis. Cada uma apresenta vantagens, mas é preciso pagar o preço.

Temos alguma dificuldade em nos colocar nessa perspectiva, porque considerando as sociedades ditas atrasadas ou subdesenvolvidas, tais como apareceram quando estabelecemos contato com elas no século XIX, negligenciamos um fato evidente: essas sociedades não eram mais que sobrevivências, vestígios mutilados em seguida a transtornos que nós mesmos tínhamos direta ou indiretamente provocado. Pois foi a exploração ávida das regiões exóticas e de suas populações, entre os séculos XVI e XIX, que permitiu ao mundo ocidental promover sua própria expansão. A relação de estranheza entre as sociedades ditas subdesenvolvidas e a civilização industrial consiste sobretudo no fato de que nelas essa civilização industrial encontra seu próprio produto, mas sob um aspecto negativo que ela não sabe mais reconhecer.

A simplicidade e a passividade aparentes dessas sociedades não lhes são intrínsecas. Esses caracteres são mais os resultados de nosso desenvolvimento em seu início, antes que ele fosse se impor do exterior a sociedades previamente saqueadas para que o próprio desenvolvimento pudesse nascer e crescer sobre seus detritos.

Atacando os problemas da industrialização dos países subdesenvolvidos, a civilização industrial aí encontra, primeiro, a imagem deformada, e como que fixada pelos séculos, das destruições que ela precisou, inicialmente, realizar para existir. Doenças introduzidas pelo homem branco entre as populações que não tinham contra elas nenhuma imunidade riscaram do mapa sociedades inteiras. Até nas regiões mais recuadas do planeta, onde se poderia imaginar que subsistem sociedades intactas, os germes patogênicos, que viajam com uma rapidez surpreendente, exerceram seus estragos, às vezes várias dezenas de anos antes que o contato propriamente dito tivesse ocorrido.

Pode-se dizer o mesmo das matérias-primas e das técnicas. Há na Austrália sociedades em que a introdução de machados de ferro, embora facilitando e simplificando o trabalho e a atividade econômica, causou a ruína da cultura tradicional. Por motivos complexos em cujos detalhes seria muito longo entrar, a adoção das ferramentas de metal provocou a derrocada das instituições econômicas, sociais e religiosas que estavam ligadas à posse e à transmissão dos machados de pedra. Ora, em forma de ferramentas gastas ou estragadas, às vezes mesmo de indescritíveis detritos, o ferro viaja mais depressa e mais longe que os homens, favorecendo guerras, casamentos, trocas comerciais.

CARÁTER AMBÍGUO DA "NATUREZA"

Depois de termos definido os quadros históricos no seio dos quais se manifestam as descontinuidades culturais, podemos tentar, com menos riscos de erro, destacar as causas profundas da resistência que essas sociedades opõem com frequência ao desenvolvimento. São, primeiro, a tendência da maioria das sociedades ditas primitivas preferir a unidade aos conflitos internos; em segundo lugar, o respeito que manifestam pelas forças naturais; por fim, a repugnância que têm em se envolver num devir histórico.

Volta e meia se evocou o caráter não competitivo de algumas dessas sociedades para explicar sua resistência ao desenvolvimento e à industrialização. Não esqueçamos, porém, que a passividade e a indiferença que lhes recriminam podem ser uma consequência do traumatismo consecutivo ao contato, não uma condição presente desde a origem. Além disso, o que nos aparece como um defeito e como uma ausência pode corresponder a um modo original de conceber as relações dos homens entre si e com o mundo. Um exemplo nos fará compreender. Quando povos do interior da Nova Guiné aprenderam com os missionários a jogar futebol, adotaram esse jogo com entusiasmo. Mas, em vez de buscar a vitória de um dos dois campos, multiplicavam as partidas até que as vitórias e as derrotas de cada campo se equilibrassem. O jogo não termina, como entre nós, quando há um vencedor, mas quando têm certeza de que não haverá perdedor.

Observações feitas em outras sociedades parecem ir em sentido inverso; no entanto, são igualmente exclusivas de um verdadeiro espírito de competição. Por exemplo, quando jogos tradicionais se desenrolam entre dois campos que representam respectivamente os vivos e os mortos, e devem portanto, necessariamente, terminar pela vitória dos primeiros.

Por fim, é espantoso que quase todas as sociedades ditas primitivas rejeitem a ideia de um voto tomado pela maioria dos presentes. Elas consideram a coesão social e o bom entendimento dentro do grupo preferíveis a qualquer inovação. A questão litigiosa é, por isso, postergada tantas vezes quanto for necessário para que se obtenha uma decisão unânime. Às vezes, combates simulados precedem as deliberações. Esvaziam-se assim velhas querelas e só se passa ao voto quando o grupo, refrescado e renovado, atendeu em seu interior às condições de uma indispensável unanimidade.

A ideia que muitas sociedades têm da relação entre a natureza e a cultura explica também que essas sociedades resistam ao desenvolvimento. Pois o desenvolvimento supõe que se faça passar a cultura na frente da natureza, e essa prioridade dada à cultura quase nunca é admitida sob essa forma, a não ser pelas civilizações industriais. Sem dúvida todas as sociedades reconhecem que existe uma separação entre os dois reinos.

Nenhuma, por mais humilde que seja, recusa atribuir um valor eminente às artes da civilização: cozimento dos alimentos, cerâmica, tecelagem, pelo que a condição humana se afasta da condição animal. No entanto, entre os povos ditos primitivos, a noção de natureza oferece sempre um caráter ambíguo: a natureza é pré-cultura, e ela é também subcultura; mas constitui o terreno em que o homem espera encontrar os antepassados, os espíritos, os deuses. A noção de natureza inclui, portanto, um componente "sobrenatural", e essa sobrenatureza está tão acima da cultura quanto a própria natureza está abaixo.

Assim, não devemos nos espantar se as técnicas e os objetos manufaturados são desvalorizados pelo pensamento indígena toda vez que se trata do essencial, isto é, das relações entre o homem e o mundo sobrenatural. Tanto na Antiguidade clássica como na do Oriente e do Extremo Oriente, no folclore europeu quanto nas sociedades indígenas contemporâneas, podemos assinalar muitos casos em que se proscreve o emprego de objetos de fabricação local ou importados para todos os atos da vida cerimonial, e para diversos momentos do ritual. Só são permitidos objetos naturais deixados em estado bruto, ou ferramentas arcaicas. Assim como foi o caso para a proscrição do empréstimo com juros pelos Pais da Igreja e pelo islã, o emprego das coisas, que se trate de dinheiro ou de outros instrumentos, deve conservar uma pureza primitiva.

É da mesma maneira que se deve interpretar a repugnância pelas transações imobiliárias. Se miseráveis comunidades indígenas da América do Norte e da Austrália por longo tempo se recusaram — continuam a se recusar em certos casos — a ceder territórios mediante indenizações por vezes enormes, é, segundo o próprio testemunho dos interessados, porque eles veem no solo ancestral uma "mãe". Levando ainda mais longe esse raciocínio, os índios Menomini, da região dos Grandes Lagos na América do Norte, embora perfeitamente a par das técnicas agrícolas de seus vizinhos Iroqueses, se negavam a aplicá-las à produção do arroz selvagem — seu alimento de base, no entanto muito apropriado ao cultivo — pela razão de que lhes era proibido "ferir sua mãe, a terra".

A mesma oposição entre natureza e cultura costuma estar na base da divisão do trabalho entre os sexos. Por mais variáveis que suas regras pareçam quando se comparam sociedades diferentes, elas comportam elementos constantes que são diversamente interpretados, e só suas aplicações diferem. Muitas sociedades consideram que a oposição *natureza/cultura* e a oposição *mulher/homem* são homólogas. Elas reservam, portanto, às mulheres as formas de atividades concebidas como sendo da ordem da natureza, tal como a jardinagem, ou pondo o artesão em contato direto com a matéria, como a cerâmica moldada à mão, ao passo que o homem assume as mesmas tarefas quando exercidas com o auxílio de instrumentos ou de máquinas cuja fabricação atinge um certo grau de complexidade, variável, aliás, segundo as sociedades.

"NOSSAS SOCIEDADES SÃO FEITAS PARA MUDAR"

Nessa dupla perspectiva, vê-se quanto é inútil falar de "povos sem história". As sociedades que chamamos de primitivas têm uma história como todas as outras, mas à diferença do que se passa entre nós elas se negam à história, e se esforçam em esterilizar em seu seio tudo o que poderia constituir o esboço de um devir histórico. Nossas sociedades são feitas para mudar, é o princípio de sua estrutura e de seu funcionamento. As sociedades ditas primitivas nos aparecem como tais, sobretudo, porque são concebidas por seus membros para durar. Sua abertura para o exterior é muito reduzida, o que nós chamamos em francês de "espírito paroquial" as domina. Em compensação, sua estrutura social interna tem uma trama mais apertada, um cenário mais rico que o das civilizações complexas. Assim, sociedades de baixíssimo nível técnico e econômico podem ter um sentimento de bem-estar e de plenitude: cada uma considera oferecer a seus membros a única vida que merece ser vivida.

Há cerca de trinta anos, ilustrei a diferença entre as sociedades ditas primitivas e as nossas por meio de uma imagem que suscitou muitas críticas, mas, creio, porque a compreenderam mal. Eu propunha comparar as sociedades a máquinas, das quais se sabe que existem dois tipos: as máquinas mecânicas e as máquinas termodinâmicas.

As primeiras utilizam a energia que lhes forneceram na partida. Se fossem perfeitamente construídas, sem que ali se produzissem fricções e aquecimentos, poderiam, em teoria, funcionar indefinidamente. Ao contrário, as máquinas termodinâmicas, assim como a máquina a vapor, funcionam numa variação de temperatura entre a caldeira e o condensador; produzem muito mais trabalho que as outras, mas consumindo sua energia e a destruindo progressivamente.

Eu dizia, pois, que as sociedades estudadas pelos antropólogos, comparadas com as nossas sociedades modernas mais volumosas e mais complicadas, são um pouco como sociedades "frias" em relação a sociedades "quentes": relógios comparados com máquinas a vapor. São sociedades que produzem pouca desordem — os físicos diriam "entropia" — e que tendem a se manter indefinidamente em seu estado inicial (ou o que elas imaginam ser um estado inicial); o que explica que, vistas de fora, parecem sem história e sem progresso.

Nossas próprias sociedades não fazem somente um grande uso de máquinas termodinâmicas; do ponto de vista de sua estrutura interna, parecem máquinas a vapor. É preciso que nelas existam antagonismos comparáveis àquele que se observa, numa máquina a vapor, entre a fonte de calor e o órgão de resfriamento. Nossas sociedades funcionam sobre uma diferença de potencial: a hierarquia social, que, através da história, assumiu os nomes de escravidão, de servidão, de divisão em classes etc. Tais sociedades criam e mantêm em seu seio desequilíbrios que elas utilizam para produzir, ao mesmo tempo, muita ordem — a civilização industrial —, mas, no plano das relações entre as pessoas, muito mais entropia.

As sociedades estudadas pelos antropólogos podem, portanto, ser consideradas como sistemas de fraca entropia, funcionando perto do zero absoluto de temperatura histórica. É o que expressamos ao dizer que essas sociedades não têm história. As sociedades "com história", como as nossas, conhecem maiores variações entre suas temperaturas internas, variações que são devidas às desigualdades econômicas e sociais.

Evidentemente, toda sociedade sempre implica os dois aspectos. Eles são como o *yin* e o *yang* da filosofia chinesa: esses dois princípios se opõem e se completam mas há sempre *yin* no *yang* e *yang* no *yin*. Uma sociedade é a um só tempo uma máquina e o trabalho que essa máquina fornece. Como máquina a vapor, fabrica entropia; como motor, fabrica ordem. Esses dois aspectos — ordem e desordem — correspondem às duas maneiras como se pode considerar uma civilização: de um lado a cultura, de outro a sociedade.

A cultura consiste no conjunto das relações que os homens de uma civilização determinada mantêm com o mundo; a sociedade consiste, mais especialmente, nas relações que esses mesmos homens mantêm uns com os outros.

A cultura fabrica ordem: nós cultivamos a terra, nós construímos casas, nós produzimos objetos manufaturados. Em contrapartida, nossas sociedades fabricam muita entropia. Dissipam suas forças e esgotam-se nos conflitos sociais, nas lutas políticas, nas tensões psíquicas que fazem nascer entre os indivíduos. E os valores sobre os quais repousam no início se gastam inexoravelmente. Quase se poderia dizer que nossas sociedades perdem progressivamente seu arcabouço e tendem a se pulverizar, a reduzir os indivíduos que as compõem à condição de átomos intercambiáveis e anônimos.

Esses a que chamamos de "primitivos" ou povos sem escrita fabricam pouca ordem por sua cultura; por essa razão nós os qualificamos de povos subdesenvolvidos. Em compensação, fabricam muito pouca entropia em sua sociedade. Grosso modo, essas sociedades são igualitárias, de tipo mecânico, regidas pela regra de unanimidade que eu descrevia há pouco.

Ao contrário, os civilizados ou pretensos civilizados fabricam muita ordem em sua cultura, como o mostram o maquinismo e as inúmeras aplicações da ciência, mas fabricam também muita entropia em sua sociedade.

O ideal estaria talvez numa terceira via: a que levaria a fabricar sempre mais ordem na cultura sem que fosse preciso pagar por isso com um aumento de entropia na sociedade. Em outras palavras, e como preconizava o conde de Saint-Simon na França no início do século XIX, saber passar — cito — "do governo dos homens à administração das coisas". Ao formular esse programa, Saint-Simon antecipava ao mesmo tempo a distinção antropológica entre cultura e sociedade e essa revolução que se opera neste momento diante de nossos olhos com os avanços da eletrônica. Talvez ela nos faça entrever que um dia seria possível passar de uma civilização que outrora inaugurou o devir histórico, mas reduzindo os homens à condição de máquinas, a uma civilização mais sábia que conseguiria — como se começa a fazer com os robôs — transformar as máquinas em homens. Então, tendo a cultura recebido integralmente a missão de fabricar o progresso, a sociedade seria liberada de uma maldição milenar que a obrigava a subjugar os homens para que houvesse progresso. A partir de então, a história se faria sozinha, e a sociedade, colocada fora e acima da história, poderia desfrutar de novo dessa transparência e desse equilíbrio interno que as menos degradadas das sociedades ditas primitivas atestam não ser incompatíveis com a condição humana.

Nessa perspectiva, mesmo utópica, a antropologia encontraria sua mais alta justificação, já que as formas de vida e de pensamento que ela estuda já não teriam apenas um interesse histórico e comparativo: elas nos tornariam mais presente uma chance permanente do homem, que as observações e as análises da antropologia têm como missão salvaguardar.

Da comparação a que acabo de me dedicar entre dois tipos de sociedade também decorrem lições mais imediatas e de alcance mais prático.

Disso pode se tirar uma primeira consequência. Modos de atividade econômica que, na ótica do industrial e do financista modernos, constituem vestígios arcaicos, obstáculos ao desenvolvimento, merecem que os consideremos com respeito e os tratemos com muita deferência.

Hoje nos empenhamos em montar bancos de genes onde se preservam o que ainda subsiste de espécies vegetais originais, criadas durante milênios por modos de produção totalmente diferentes dos nossos. Espera-se assim atenuar os perigos de uma agricultura reduzida a algumas espécies de grande rendimento mas tributárias de adubos químicos, e cada vez mais vulneráveis aos agentes patogênicos.

Não deveríamos ir mais longe ainda, e, não contentes em preservar os *resultados* desses modos de produção arcaicos, garantirmos que os *savoir-faire* (em inglês: *know-how*) insubstituíveis, graças aos quais esses resultados foram obtidos, não desaparecerão sem esperança de retorno?

Também podemos indagar se nosso futuro econômico não exige que preservemos ou restauremos, no processo de produção, os fatores psicológicos, sociais e morais. Os especialistas em sociologia industrial denunciam uma contradição entre a produtividade objetiva, que impõe a parcelização e o empobrecimento das tarefas, a perda de iniciativa no trabalho, o afastamento do produtor em relação a seu produto, e a produtividade subjetiva, que permite ao trabalhador expressar sua personalidade e seu desejo de criação. Para me limitar a um exemplo, um melanésio obrigado pelas regras sociais a manter com ostentação o lar de sua irmã, ou que, pelo tamanho dos inhames produzidos em sua horta tenta provar que se entende bem com as divindades agrícolas, é estimulado por preocupações a um só tempo técnicas, culturais, sociais e religiosas.

O que a antropologia lembra ao economista se acaso ele o esquecesse é que o homem não é pura e simplesmente incitado a produzir sempre mais. Ele também procura no trabalho satisfazer aspirações que estão arraigadas em sua natureza profunda: realizar-se como indivíduo, imprimir sua marca na matéria, dar, por suas obras, uma expressão objetiva à sua subjetividade.

É por todos esses aspectos que o exemplo das sociedades chamadas primitivas pode nos instruir. Elas se baseiam em princípios que têm como efeito converter o volume das riquezas produzidas em valores morais e sociais: realização pessoal num trabalho, estima dos parentes e dos vizinhos, prestígio moral e social, acordo bem-feito entre o homem e os mundos natural e sobrenatural. As pesquisas antropológicas ajudam a melhor compreender a necessidade de uma harmonia entre esses diversos componentes da natureza humana. E em qualquer lugar onde a civilização industrial tende a destruí-la a antropologia pode nos pôr em alerta e nos indicar certas vias a seguir para reconquistá-la.

QUE AFINIDADES ENTRE PENSAMENTO CIENTÍFICO, HISTÓRICO E MÍTICO?

A hora está avançando; portanto serei mais breve sobre o terceiro capítulo inscrito em meu programa: este dedicado aos ensinamentos que podemos tirar das concepções religiosas mais correntes entre os povos estudados pelos antropólogos.

Para o antropólogo, as religiões constituem um vasto repertório de representações que, na forma de mitos e ritos, se dispõem em combinações diversificadas. Salvo aos olhos dos crentes, essas combinações parecem de início irracionais e arbitrárias. A questão que se coloca é, portanto, a de saber se é preciso se ater a isso e simplesmente descrever o que não é possível explicar, ou se, por trás da desordem aparente das crenças, das práticas e dos costumes, é possível descobrir uma coerência.

Tomando como ponto de partida os mitos das populações indígenas que conheci no Brasil central, imaginei que se cada mito tem o jeito de um relato estranho, e qualquer lógica está ausente, entre esses mitos existem relações mais simples e mais inteligíveis do que as histórias que cada mito conta em particular.

Mas, enquanto o pensamento filosófico ou científico raciocina formulando e encadeando os conceitos, o pensamento mítico funciona com o auxílio de imagens emprestadas ao mundo sensível. Em vez de estabelecer relações entre ideias, ele opõe o céu e a terra, a terra e a água, a luz e a escuridão, o homem e a mulher, o cru e o cozido, o fresco e o podre... Elabora assim uma lógica das qualidades sensíveis: cores, texturas, sabores, odores, ruídos e sons. Escolhe, combina ou opõe essas qualidades para transmitir uma mensagem de certa forma codificada.

Eis um exemplo, tirado das centenas de outros que tentei analisar em quatro grossos volumes intitulados *Mitológicas*, publicados entre 1964 e 1971.

O fato de dois amantes incestuosos, ou proibidos um ao outro pelas convenções sociais, não conseguirem se unir senão na morte, que os fundirá num corpo único, é uma história que aceitamos facilmente porque nossas tradições literárias a tornaram familiar para nós. O Ocidente tem o romance medieval de Tristão e Isolda e a ópera de Wagner. E creio saber que a tradição japonesa também comporta esse gênero de relato.

Em compensação, ficaríamos espantados com outra história em que uma avó cola um ao outro um irmão e uma irmã recém-nascidos para torná-los uma só criança. Essa criança cresce, um dia atira verticalmente uma flecha que, ao tornar a cair, a racha no meio, separando assim irmão e irmã, que tratam de se tornar amantes incestuosos.

Essa segunda história nos parece absurda e incoerente. Ora, ela existe ao lado da outra entre os índios da América do

Norte, e basta compará-las, episódio por episódio, para se convencer de que a segunda história reproduz exatamente a primeira: só que a conta ao contrário. Portanto, não teríamos aqui e ali um mesmo mito, que populações vizinhas ilustram por relatos simétricos e invertidos?

Não deveríamos duvidar disso quando, dando mais um passo, observamos que na América do Norte o primeiro relato pretende explicar a origem de uma constelação em que se transformam, depois de sua morte, os amantes incestuosos (um pouco como, na tradição chinesa, o Vaqueiro e a Tecelã sempre celebrados pela festa de Tanabata no Japão), ao passo que o segundo relato pretende explicar a origem das manchas do Sol. Ou seja, num caso, pontos luminosos que se destacam contra um fundo escuro; e, no outro caso, pontos escuros que se destacam contra um fundo luminoso. Para dar conta de configurações celestes invertidas, conta-se, portanto, a mesma história, mas pelo direito ou pelo avesso, como uma fita cinematográfica que se passaria pelo início ou pelo fim e que, no segundo caso, mostraria uma locomotiva andando de marcha a ré, enquanto a fumaça entra na chaminé e se condensa progressivamente em água.

O resultado de tal análise é que, em vez de dois mitos diferentes, agora existe apenas um. Procede-se, assim, de semelhante em semelhante, e uma multidão de relatos sem significado dá lugar a objetos cada vez menos numerosos mas que se esclarecem uns pelos outros. O sentido dos mitos não pertence a cada um tomado isoladamente. Ele só aparece quando os colocamos em relação.

Meus ouvintes se perguntarão talvez em que tais pesquisas podem contribuir para esclarecer os problemas atuais. Nossas sociedades já não têm mitos. Para resolver os problemas apresentados pela condição humana e pelos fenômenos naturais, elas se dirigem à ciência ou, mais exatamente, para cada tipo de problema se dirigem a uma disciplina científica especializada.

Será sempre o caso? O que os povos sem escrita pedem aos mitos, o que a humanidade inteira lhes pediu por centenas de milhares de anos, talvez milhões de anos de sua longuíssima história, é explicar a ordem do mundo que nos cerca e a estrutura da sociedade onde nascemos, demonstrar sua legitimidade e inspirar a certeza confiante de que o mundo em seu conjunto e a sociedade particular da qual somos membros permanecerão tais como foram criados no começo dos tempos.

Mas, quando nos interrogamos sobre a ordem social que é a nossa, nós mesmos apelamos para a história a fim de explicá-la, justificá-la ou acusá-la. Essa maneira de interpretar o passado varia em função do meio a que pertencemos, de nossas convicções políticas, de nossas atitudes morais. Para um cidadão francês, a revolução de 1789 explica a configuração da sociedade atual. E dependendo de como julgamos essa configuração, se boa ou ruim, não concebemos a revolução de 1789 da mesma maneira, e aspiramos a futuros diferentes. Em outras palavras, a imagem que temos de nosso passado próximo ou distante é, muito amplamente, da natureza do mito.

Seria ousado de minha parte estender essas reflexões ao Japão. Mas, pelo pouco que conheço da história desse país, imagino de bom grado que pode ter sido a mesma coisa na véspera da era Meiji para os defensores do poder xogunal e para os que pregavam a restauração do regime imperial. Durante um simpósio organizado em 1980, em Osaka, pela Fundação Suntory, até mesmo me pareceu que os participantes japoneses continuavam a ter sobre a restauração Meiji interpretações divergentes: uns viam nela uma vontade de se abrir à vida internacional e desejavam que se levasse cada vez mais adiante esse caminho, sem ideias preconcebidas, sem nostalgia nem arrependimento; outros, ao contrário, viam nessa abertura um modo de tomar emprestadas ao Ocidente suas armas para poder eventualmente lhe resistir e conservar na cultura japonesa seus caracteres específicos.

Chegamos assim a nos perguntar se uma história objetiva e científica é possível ou se, em nossas sociedades modernas, a história não desempenha um papel comparável ao dos mitos. O que os mitos fazem pelas sociedades sem escrita — legitimar uma ordem social e uma concepção do mundo, explicar o que as coisas são pelo que elas foram, encontrar a justificativa de seu estado presente num estado passado e conceber o futuro em função, a um só tempo, desse presente e desse passado —, esse é também o papel que nossas civilizações conferem à história.

Com uma diferença, porém: como tentei mostrar por um exemplo, cada mito parece contar uma história diferente, e descobrimos que, no mais das vezes, é a mesma história, cujos episódios são dispostos de modo diferente. Inversamente, acreditamos de bom grado que há somente uma História, quando na realidade cada partido político, cada meio social, cada indivíduo às vezes conta uma história diferente e a utiliza, contrariamente ao mito, para dar a si mesmo razões de esperar, não que o presente reproduza o passado e que o futuro perpetue o presente, mas que o futuro seja diferente do presente da mesma maneira que o próprio presente diferiu do passado.

A comparação rápida que acabo de fazer entre as crenças dos povos que são chamados de primitivos e os nossos nos leva a compreender que a História, tal como nossas civilizações a utilizam, exprime menos verdades objetivas que preconceitos e aspirações. Nesse caso também, a antropologia nos administra uma lição de espírito crítico. Ela nos faz melhor compreender que o passado de nossa própria sociedade, e também de sociedades diferentes, não tem apenas uma significação possível. Não há interpretação absoluta do passado histórico, mas interpretações que são todas relativas.

Para concluir esta conferência, permitam-me uma reflexão ainda mais arriscada. Mesmo no que se refere à ordem do mundo, a ciência passa hoje de uma perspectiva atemporal a uma perspectiva histórica. O cosmo não mais nos aparece, como no tempo de Newton, regido por leis eternas como a gravitação. Para a astrofísica moderna, o cosmo tem uma história. Ele começou há 15 bilhões ou 20 bilhões de anos por um acontecimento único (chamado em inglês de "big bang"), dilatou-se, prossegue sua expansão e, segundo as hipóteses, continuará indefinidamente no mesmo sentido ou alternará entre ciclos de expansão e contração.

Mas, ao mesmo tempo que progride, a ciência nos convence de que nos tornamos cada vez menos capazes de controlar pelo pensamento fenômenos que, por suas ordens de grandeza espacial e temporal, escapam a nossas capacidades mentais. Nesse sentido, a história do cosmo se torna, para o comum dos mortais, uma espécie de grande mito: ela consiste no desenrolar de acontecimentos únicos e cuja realidade jamais se poderá provar, porque eles só se produziram uma única vez.

Portanto, se desde o século XVII era possível acreditar que o pensamento científico se opunha de modo radical ao pensamento mítico e que um devia brevemente eliminar o outro, é lícito perguntar se não se observa o início de um movimento no outro sentido. Acaso o próprio avanço do pensamento científico não o impele para o lado da história? Já foi esse o caso, no século XIX, na biologia, com a teoria da evolução, e a cosmologia moderna também se orienta nessa direção. Tentei mostrar que mesmo entre nós o conhecimento histórico guarda afinidades com os mitos. E se, como parece, a própria ciência tende a se tornar uma história da vida e uma história do mundo, não se deveria excluir que, depois de ter seguido por muito tempo vias divergentes, o pensamento científico e o pensamento mítico venham um dia a se aproximar. Nessa hipótese, o interesse que a antropologia tem pelo estudo do pensamento mítico se justificaria ainda mais, pela contribuição que ela dá ao conhecimento de dificuldades sempre atuais, inerentes ao funcionamento do espírito.

3. Reconhecimento da diversidade cultural: o que nos ensina a civilização japonesa

Tudo o que disse em minhas duas primeiras conferências convida a encurtar a distância que, considerando seu baixo nível técnico e econômico, somos tentados a estabelecer entre as sociedades sem escrita e as nossas.

ANTROPÓLOGOS E GENETICISTAS

Para justificar essa distância, no passado recorreu-se — às vezes ainda se recorre — a duas espécies de argumentos. Segundo alguns, essa distância seria intransponível, pois resultaria do fato de que os agrupamentos humanos diferem por seu patrimônio genético. Entre esses patrimônios existiria uma desigualdade que repercute nas capacidades intelectuais e nas disposições morais. Essa é a tese dos racistas. Segundo a teoria evolucionista, ao contrário, a desigualdade das culturas teria uma origem não biológica, mas histórica: na via única que todas as sociedades devem necessariamente percorrer, umas teriam tomado a dianteira, outras teriam marcado passo, outras talvez teriam recuado. O único problema seria compreender as razões contingentes do atraso acumulado por algumas e ajudá-las a recuperá-lo.

Encontramo-nos assim confrontados com os dois últimos problemas para cuja solução a antropologia espera poder contribuir, e que são, um, o problema das raças, outro, o do sentido que é preciso dar à noção de progresso.

Durante todo o século XIX e a primeira metade do XX, indagamos se a raça influencia a cultura e de que maneira. Pelo fato de que os povos que não têm a mesma aparência física têm também gêneros de vida, costumes e crenças diferentes, concluía-se que as diferenças físicas e as diferenças culturais estão ligadas. Como o reconhece com bom senso o preâmbulo da segunda declaração da Unesco sobre o problema das raças, o que convence o homem da rua de que as raças existem — cito — "é a evidência imediata de seus sentidos quando ele avista juntos um africano, um europeu, um asiático e um índio americano".

Contra a ideia de que raça e cultura estão ligadas, há muito tempo a antropologia fez valer dois argumentos. Em primeiro lugar, o número de culturas que existem, e sobretudo o fato de que ainda existiam há dois ou três séculos na superfície da terra, ultrapassa incomparavelmente o número de raças que os mais meticulosos pesquisadores se compraziam em distinguir: vários milhares contra uma ou duas dúzias. Ora, duas culturas elaboradas por homens que supostamente pertenciam à mesma "raça" podem diferir entre si tanto ou mais quanto duas culturas provenientes de grupos racialmente diferentes.

Em segundo lugar, os patrimônios culturais evoluem muito mais depressa que os patrimônios genéticos. Um mundo separa a cultura que conheceram nossos bisavós e a nossa. Chegou-se ao ponto de dizer que há menos diferença entre o gênero de vida dos antigos gregos e romanos e o de nossos ancestrais do século XVIII do que entre o gênero de vida destes e o nosso. No entanto, com poucas diferenças, nós perpetuamos a hereditariedade deles.

Essas duas razões explicam que já há quase uma centena de anos um divórcio se tenha produzido entre, de um lado, os antropólogos chamados "culturais" ou "sociais", que estudam as técnicas, os costumes, as instituições e as crenças, e, de outro, os antropólogos físicos da velha escola, que se obstinavam em fazer mensurações e aferições de crânios, esqueletos ou seres vivos. Entre os dois tipos de inventários, não se podia estabelecer nenhuma correlação. Se me permitem uma imagem, a peneira dos antropólogos físicos tinha uma trama demasiado frouxa para reter qualquer das diferenças entre as culturas às quais nós mesmos, antropólogos culturais ou sociais, atribuímos uma significação.

Em contrapartida, mas isso faz apenas trinta a quarenta anos, instaurou-se uma colaboração entre a antropologia e essa nova disciplina biológica que se chama genética das populações. Por argumentos biológicos, esta confirmou a desconfiança tradicional dos antropólogos em relação a todas as tentativas para estabelecer uma conexão, e até mesmo uma relação de causa e efeito, entre as diferenças raciais e as diferenças culturais.

A noção tradicional de raça se baseava inteiramente em caracteres externos e bem visíveis: tamanho, cor da pele e dos olhos, forma do crânio, tipo de cabelo etc. A supor que as variações observáveis nesses diferentes campos sejam concordantes, o que parece muito duvidoso, nada prova que elas também concordem com as diferenças que os geneticistas revelaram e cuja importância eles demonstraram, mas que não são imediatamente perceptíveis aos sentidos: grupos sanguíneos, proteínas do soro sanguíneo, fatores imunitários etc. No entanto, umas não são menos reais que as outras, e se poderia conceber — em certos casos até mesmo se estabeleceu — que as segundas tivessem uma distribuição geográfica totalmente diferente das primeiras.

Assim, conforme os caracteres retidos, "raças invisíveis" aparecerão no meio das raças tradicionais, ou coincidirão com as fronteiras já incertas que se atribuíam a estas.

Confirmando as posições dos antropólogos, os geneticistas substituíram, portanto, a noção de raça pela de estoque genético. Em vez de sobrepor caracteres supostamente imutáveis de fronteiras bem delineadas, um estoque genético é feito de dosagens relativas que variam de um lugar para outro e não deixaram de variar ao longo do tempo. Os limites que lhes são fixados são arbitrários. Essas dosagens sobem ou baixam por gradações insensíveis, e os limites que se instituem aqui ou acolá dependem do tipo de fenômeno pelo qual se interessa o pesquisador e que ele retém para classificá-las.

Essa "nova aliança" — direi empregando uma expressão na moda — entre os antropólogos e os geneticistas causou uma notável mudança de atitude diante dos povos ditos primitivos. Com outros argumentos, essa mudança de atitude vai na direção que, até então, os antropólogos tinham sido os únicos a tomar. Durante séculos, costumes consistindo em estranhas regras de casamento, em proibições arbitrárias como a que recai sobre as relações sexuais entre esposos enquanto a mãe amamenta o recém-nascido, em privilégios poligâmicos em benefício dos chefes ou dos antigos, em costumes que nos revoltam, tal como o infanticídio, apareciam como absurdos e mesmo escandalosos. Foi preciso que a genética das populações tomasse forma, por volta de 1950, para que percebêssemos suas razões.

Temos tendência a considerar as raças mais afastadas da nossa como sendo também as mais homogêneas: para um branco, todos os amarelos se parecem, e as representações estereotipadas dos brancos na arte dita *namban* sugerem que o contrário também é verdadeiro. Ora, diferenças consideráveis foram detectadas entre tribos primitivas vivendo na mesma área geográfica; e essas diferenças são quase tão grandes entre aldeias de uma mesma tribo como entre tribos diferentes pela língua e pela cultura. Por conseguinte, nem mesmo uma tribo isolada constitui uma unidade biológica. Isso se explica pela maneira como se formam as novas aldeias: um grupo familiar se separa de sua linhagem genealógica e se estabelece afastado. Mais tarde, blocos de indivíduos parentes entre si juntam-se a ele e vão dividir o novo habitat. Os estoques genéticos que se constituem assim diferem muito mais entre si do que se fossem o efeito de reagrupamentos operados ao acaso.

Disso resulta uma consequência. Se as aldeias de uma mesma tribo compreendem formações genéticas diferenciadas no início, vivendo cada uma num isolamento relativo, e em competição umas com as outras porque têm taxas de reprodução desiguais, elas reconstituem um conjunto de condições bem conhecido dos biólogos como favorável a uma evolução incomparavelmente mais rápida que aquela observada em geral nas espécies animais. Ora, sabemos que a evolução que conduziu os hominídeos fósseis até o homem atual se fez, relativamente falando, de modo muito rápido.

Se admitirmos que as condições observáveis em nossos dias em certas populações recuadas oferecem, ao menos em certos aspectos, uma imagem aproximativa daquelas vividas pela humanidade num passado longínquo, deveremos reconhecer que essas condições que julgamos muito miseráveis eram as mais adequadas para fazer de nós o que nos tornamos, e que elas também permanecem as mais aptas a manter a evolução humana no mesmo sentido e a conservar seu ritmo, ao passo que as enormes sociedades contemporâneas, nas quais as trocas genéticas se fazem de outra maneira, tendem a frear a evolução ou a alterar sua orientação.

Era preciso que nosso saber evoluísse, e que tomássemos consciência desses novos problemas para reconhecer um valor objetivo e um significado moral em modos de vida, usos e crenças que anteriormente só recebiam de nossa parte zombarias ou, na melhor das hipóteses, uma curiosidade condescendente. Mas com a entrada da genética das populações na cena antropológica produziu-se outra reviravolta, cujas implicações teóricas são talvez ainda maiores.

Evoquei fatos que têm a ver com a cultura: as sociedades ditas primitivas mantêm um fraco crescimento demográfico prolongando a amamentação até três ou quatro anos; observando diversas proibições sexuais; praticando, se necessário, o aborto e o infanticídio. A taxa de reprodução muito variável dos homens, dependendo se têm uma ou diversas esposas, favorece certas formas de seleção natural. Tudo isso se refere ao modo como os grupos humanos se dividem e se reformam, aos costumes impostos aos indivíduos dos dois sexos para se unir e se reproduzir, às maneiras prescritas de recusar ou de dar à luz as crianças e criá-las, ao direito, à magia, à religião e à cosmologia. Direta ou indiretamente, esses fatores modelam a seleção natural e orientam seu curso.

"RAÇA" — UM TERMO IMPRÓPRIO

A partir daí, os dados do problema relativo às relações entre a noção de raça e a de cultura se encontram desorganizados. Durante todo o século XIX e a primeira metade do XX perguntamo-nos se a raça influenciava a cultura e de que maneira. Depois de termos constatado que o problema assim colocado é insolúvel, percebemos agora que as coisas se passam no sentido oposto. São as formas de cultura que homens adotam aqui e acolá, seus modos de viver passados e presentes, que determinam em larga escala o ritmo e a orientação de sua evolução biológica. Longe de ser preciso indagar se a cultura é ou não função da raça, descobrimos que a raça — o que em geral se entende por esse termo impróprio — é uma função, entre outras, da cultura.

Como poderia ser de outra forma? É a cultura de um grupo que determina os limites geográficos do território que ele ocupa, as relações de amizade ou de hostilidade que ele mantém com os povos vizinhos e — por conseguinte — a importância relativa das trocas genéticas que, graças aos intercasamentos permitidos, estimulados ou proibidos, poderão se produzir entre eles.

Mesmo em nossas sociedades, sabemos que os casamentos não se fazem completamente ao acaso. Fatores conscientes ou inconscientes intervêm: distância entre as residências familiares dos futuros cônjuges, origem étnica, religião, nível de educação, recursos das famílias... Se é lícito extrapolar a partir de usos e costumes que ofereciam até data recente imensa generalidade, admitiremos que, desde os primórdios da vida em sociedade, nossos ancestrais devem ter conhecido e aplicado regras de casamento permitindo ou proscrevendo certos tipos de parentes. Dei alguns exemplos disso em minhas conferências anteriores. Como tais regras, aplicadas durante gerações, não agiriam de modo diferencial sobre a transmissão dos patrimônios genéticos?

Não é tudo; pois as regras de higiene que cada sociedade pratica, a importância e a eficácia relativas dos cuidados dispensados a este ou àquele tipo de doença ou de deficiência permitem ou previnem em graus diversos a sobrevivência de certos indivíduos e a disseminação de um material genético que, sem isso, teria desaparecido mais depressa. Pode-se dizer o mesmo das atitudes culturais diante de certas anomalias hereditárias, e das práticas que atingem sem discriminação os dois sexos em certas conjunturas — nascimentos ditos anormais, gêmeos etc. — ou, como o infanticídio, se referem especialmente às meninas. Por fim, a idade relativa dos cônjuges, a fertilidade e a fecundidade diferenciais segundo os níveis de vida e as funções sociais são, ao menos em parte, direta ou indiretamente sujeitas a regras cuja origem última não é biológica mas social.

A evolução humana não é, portanto, um subproduto da evolução biológica. Tampouco é completamente distinta. A síntese entre essas duas atitudes tradicionais torna-se possível, contanto que os biólogos e os antropólogos tomem consciência da ajuda que podem se dar mutuamente e de suas limitações respectivas.

Na origem da humanidade, a evolução biológica talvez tenha selecionado traços pré-culturais, tais como a posição em pé, a habilidade manual, a sociabilidade, o pensamento simbólico, a aptidão para vocalizar e se comunicar. Em contrapartida, e desde que a cultura existe, é ela que consolida esses traços e os propaga. Quando as culturas divergem, elas consolidam e favorecem outros traços, como a resistência ao frio e ao calor para sociedades que, por bem ou por mal, tiveram de se adaptar a extremos climáticos, e a um teor rarefeito de oxigênio no ar para aquelas que vivem em altitude etc. E quem sabe se as disposições agressivas ou contemplativas, a engenhosidade técnica etc. não são em parte ligadas a fatores genéticos? Assim como nós os captamos no nível cultural, nenhum desses traços pode ser claramente ligado a uma base genética, mas não se deveria excluir a priori o efeito distante de ligações intermediárias. Nesse caso, seria verdade dizer que cada cultura seleciona aptidões genéticas que, por retroação, influem sobre a cultura e reforçam sua orientação.

Os dois enfoques são em parte análogos, e em parte complementares. Análogos porque, em vários sentidos, as culturas são comparáveis a dosagens irregulares de traços genéticos que outrora designávamos com o nome de "raça". Uma cultura consiste em uma multiplicidade de traços dos quais alguns lhe são comuns, em graus diversos, com culturas vizinhas ou afastadas, ao passo que outros as separam de modo mais ou menos marcado. Esses traços se equilibram dentro de um sistema que, num e noutro caso, deve ser viável sob pena de ser eliminado progressivamente por outros sistemas mais aptos a se propagarem ou a se reproduzirem. Para desenvolver diferenças, para que os limites que permitem distinguir uma cultura de suas vizinhas tornem-se suficientemente nítidos, as condições são, grosso modo, idênticas às que favorecem as diferenças biológicas entre as populações: isolamento relativo durante um tempo prolongado, trocas limitadas, sejam elas de ordem cultural ou genética. Salvo a ordem de grandeza, as barreiras culturais desempenham o mesmo papel que as barreiras genéticas; elas as prefiguram tanto melhor na medida em que todas as culturas imprimem sua marca ao corpo: por estilos de roupas, de penteado ou de enfeites, por mutilações corporais e por comportamentos gestuais, elas imitam diferenças comparáveis àquelas que podem existir entre as raças. Preferindo certos tipos físicos a outros, elas os estabilizam e eventualmente os difundem.

Há 34 anos, numa plaqueta intitulada *Race et histoire*, escrita a pedido da Unesco, eu apelava para a noção de coalizão para explicar que culturas isoladas não podem criar por si só as condições de uma história realmente cumulativa. Para isso é necessário, dizia eu, que culturas diferentes combinem voluntária ou involuntariamente suas apostas respectivas e se deem assim uma chance de realizar, no grande jogo da história, as séries longas que permitem a esta avançar.

Os geneticistas propõem atualmente visões bastante vizinhas sobre a evolução biológica, quando mostram que um genoma constitui, na realidade, um sistema em que certos genes representam um papel regulador, outros agem juntos sobre um só caráter, ou, ao contrário, vários caracteres se veem na dependência de um só gene. O que é verdade para o genoma individual também o é para uma população que deve sempre ser de tal forma que (pela combinação que se opera em seu seio de vários patrimônios genéticos) um equilíbrio ótimo se estabeleça e melhore suas chances de sobrevivência. Nesse sentido, pode-se dizer que a recombinação genética representa, na história das populações, um papel comparável àquele que a recombinação cultural tem na evolução dos gêneros de vida, das técnicas, dos conhecimentos, dos costumes e das crenças. Pois indivíduos predestinados por seu patrimônio genético a só adquirir uma cultura particular teriam descendentes singularmente desvantajosos: as variações culturais a que estes estariam expostos ocorreriam mais depressa que seu próprio patrimônio genético poderia evoluir e se diversificar para responder às exigências dessas novas situações.

Assim, antropólogos e biólogos estão hoje de acordo para reconhecer que a vida em geral e a dos homens em particular não pode se desenvolver de maneira uniforme. Sempre e em qualquer lugar ela supõe e gera a diversidade. Essa diversidade intelectual, social, estética, filosófica, não é unida por nenhuma relação de causa e efeito à que existe no plano biológico entre as grandes famílias humanas. Ela apenas lhe é paralela em outro terreno.

Mas em que consiste exatamente essa diversidade? Seria inútil obter do homem da rua que ele desista de atribuir um significado intelectual ou moral ao fato de ter a pele negra ou branca, o cabelo liso ou crespo, se fosse para ficar calado diante de outra questão, a qual esse homem da rua se agarra imediatamente: se não existem aptidões raciais inatas, como explicar que a civilização de tipo ocidental tenha feito os imensos progressos que sabemos, ao passo que as de povos de outras cores tenham ficado para trás, umas no meio do caminho, outras atingidas por um atraso que se conta em milhares ou dezenas de milhares de anos? Não podemos pretender ter resolvido pela negativa o problema da desigualdade das raças humanas se não nos debruçamos também sobre o da desigualdade — ou da diversidade — das culturas humanas, que no espírito do público lhe está estreitamente ligado.

Ora, a diversidade das culturas raramente apareceu aos homens como o que ela é: um fenômeno natural resultante das relações diretas ou indiretas entre as sociedades. Nisso eles viram de preferência uma espécie de monstruosidade ou de escândalo. Desde os tempos mais recuados, uma tendência, que se poderia acreditar que fosse instintiva, de tal modo é solidamente enraizada, impele os homens a repudiar pura e simplesmente os costumes, crenças, usos e valores mais afastados daqueles e daquelas em vigor em sua própria sociedade. Os antigos gregos e os antigos chineses qualificavam os povos que não participavam de sua cultura com termos que nós traduzimos como "bárbaro" e que, etimologicamente, parecem, nos dois casos, evocar o gorjeio dos pássaros. Portanto, eles os remetiam para os lados da animalidade; e o termo "selvagem", que por muito tempo empregamos e que significa "da selva", evoca também um gênero de vida animal, por oposição à cultura humana. Recusamos, assim, admitir o próprio fato da diversidade cultural: preferimos repelir para fora da cultura, para a natureza — como mostra o termo alemão "*Naturvölker*" —, tudo o que se afasta das normas sob as quais vivemos.

Sem dúvida os grandes sistemas religiosos e filosóficos — que se trate do budismo, do cristianismo ou do islã, das doutrinas estoica, kantiana ou marxista, por fim, das diversas declarações dos direitos humanos — constantemente se ergueram contra essa atitude. Esses sistemas esquecem, todavia, que o homem não realiza sua natureza numa humanidade abstrata, mas no seio de culturas tradicionais que diferem entre si conforme os lugares e as épocas. Presos entre a dupla tentação de condenar experiências que os chocam moralmente, e de negar diferenças que não compreendem intelectualmente, os modernos testaram compromissos que lhes permitissem a um só tempo levar em conta a diversidade das culturas e suprimir o que ela conserva de escandaloso e chocante.

O evolucionismo, que por muito tempo dominou o pensamento ocidental, constitui assim uma tentativa de reduzir a diversidade das culturas, ao mesmo tempo que finge reconhecê-la plenamente. Pois, se tratamos dos diferentes estados em que se encontram as sociedades humanas, tanto antigas no tempo quanto afastadas no espaço, como estados ou etapas de um desenvolvimento único que as empurra, todas, na mesma direção, a diversidade que observamos entre elas não é mais senão aparente. A humanidade se torna una e idêntica a si mesma. Só que essa unidade e essa identidade apenas se realizam progressivamente, e não em qualquer lugar no mesmo ritmo.

Essa solução evolucionista é sedutora, mas simplifica abusivamente os fatos. De seu próprio ponto de vista, cada sociedade pode repartir as sociedades diferentes de si mesma em duas categorias: as que lhe são contemporâneas, mas geograficamente afastadas; e as que existiram mais ou menos no mesmo espaço, mas a precederam no tempo.

Quando consideramos as sociedades do primeiro tipo, somos tentados a estabelecer entre elas relações equivalentes a uma ordem de sucessão no tempo. Como sociedades contemporâneas que continuaram ignorando a eletricidade e a máquina a vapor não evocariam fases arcaicas da civilização ocidental? Como não comparar as tribos indígenas sem escrita e sem metalurgia, mas que traçam figuras sobre as paredes rochosas e fabricam instrumentos de pedra, com os povos desconhecidos que, há 15 mil ou 20 mil anos, tiveram uma atividade similar na França e na Espanha? Quantos viajantes ocidentais não encontraram a "Idade Média" no Oriente, "o século de Luís XIV" na Pequim anterior à Primeira Guerra Mundial, "a idade da pedra" entre os indígenas da Austrália ou da Nova Guiné?

Esse falso evolucionismo me parece extremamente pernicioso. Das civilizações desaparecidas, só conhecemos certos aspectos, e eles são tão menos numerosos na medida em que a civilização considerada é mais antiga, já que os aspectos conhecidos são somente aqueles que conseguiram sobreviver aos ataques do tempo. O procedimento consiste, pois, em pegar a parte pelo todo, e em concluir, devido ao fato de que certos aspectos de duas civilizações (uma atual, outra desaparecida) se parecem, pela identidade de todos os aspectos. Ora, esse modo de raciocinar não só é logicamente insustentável, como na maior parte dos casos é desmentido pelos fatos.

À guisa de exemplo, lembremos as ideias por muito tempo prevalecentes no Ocidente sobre o Japão. Em quase todas as obras escritas neste país até a Segunda Guerra Mundial, podia-se ler que em pleno século XIX o Japão permanecera sob um regime feudal semelhante àquele da Europa na Idade Média; e que somente na segunda metade do século XIX, ou seja, com dois ou três séculos de atraso, entrou na era capitalista e se abriu à industrialização. Sabemos hoje que tudo isso é falso. Primeiro, porque o pretenso "feudalismo" japonês, de espírito militar, impregnado de dinamismo e de pragmatismo, só oferece semelhanças superficiais com o feudalismo europeu. Ele representa uma forma de organização social perfeitamente original. Em seguida, e sobretudo, por outras razões: já no século XVI, o Japão era uma nação industrial que fabricava e exportava para a China, às dezenas de milhares, armaduras e sabres, e um pouco mais tarde arcabuzes e canhões. Na mesma época, o Japão contava mais habitantes que qualquer país da Europa, tinha mais universidades, uma taxa de alfabetização mais elevada; enfim, um capitalismo mercantil e financeiro que nada devia ao Ocidente, e estava em plena expansão bem antes da restauração Meiji.

Portanto, longe de as duas sociedades se inscreverem na sequência uma da outra, numa mesma linha de desenvolvimento, elas mais seguiram vias paralelas, fazendo porém, a cada momento da história, escolhas que não coincidiam necessariamente; um pouco como se, tendo na mão as mesmas cartas, cada uma decidisse jogá-las numa ordem diferente. Como muitas outras comparações que poderíamos fazer, esta entre a Europa e o Japão recusa a noção de um progresso em sentido único.

Se tudo isso é verdade a respeito de sociedades que coexistiram no tempo, mas muito longe umas das outras, acaso também o é com sociedades do segundo tipo que distingui há pouco: estas que, em determinado lugar, precederam historicamente a sociedade atual? A hipótese de uma evolução unilinear, tão frágil quando a evocamos para pôr em escala idêntica sociedades afastadas no espaço, nesse caso parece dificilmente evitável. Sabemos pelos testemunhos concordantes da paleontologia, da pré-história e da arqueologia que os territórios ocupados pelas grandes civilizações atuais foram, primeiro, habitados por espécies variadas do gênero *Homo* que lascavam grosseiramente o sílex. Com o tempo, esse instrumental de pedra se afina e se aperfeiçoa; a pedra lascada dá lugar à pedra polida, ao osso e ao marfim; seguem-se a cerâmica, a tecelagem, a agricultura, associadas progressivamente à metalurgia, em que também é possível distinguir etapas. Nesse caso, não se pode falar de uma evolução verdadeira?

No entanto, não é tão fácil quanto se crê ordenar esses progressos incontestáveis em série regular e contínua. Por muito tempo se diferenciaram as etapas sucessivas: idade da pedra lascada, idade da pedra polida, idade do cobre, depois do bronze, depois do ferro... Era simples demais. Hoje sabemos que o polimento e a lascagem da pedra às vezes coexistiram; e, quando o polimento se impõe, não é como resultado de um progresso técnico — pois o polimento é muito mais caro em matéria-prima do que a lascagem —, e sim como uma tentativa de copiar em pedra as armas e as ferramentas de cobre ou de bronze que possuíam as civilizações mais "avançadas", sem dúvida, mas contemporâneas e vizinhas daquelas de seus imitadores. Dependendo da região do mundo que se considera, a cerâmica ora aparece com a pedra polida, ora a precede.

Antigamente se acreditava que as diferenças técnicas da pedra lascada — indústrias "de núcleos", indústrias "de lascas", indústrias "de lâminas" — refletiam um progresso histórico em três etapas a que chamávamos paleolítico inferior, paleolítico médio, paleolítico superior. Hoje se admite que essas três formas puderam coexistir e que não representam etapas de um progresso em sentido único, mas aspectos, ou, como se diz, "fácies" de uma realidade muito complexa. As indústrias da pedra foram, há centenas de milhares de anos, mais de 1 milhão talvez, obra de um ancestral do *Homo sapiens* chamado *Homo erectus*. Ora, essas indústrias testemunham uma complicação e um requinte que só foram ultrapassados no final do neolítico.

Não se trata de negar a realidade dos avanços realizados pela humanidade. Deve-se apenas ter uma visão mais matizada. O desenvolvimento de nossos conhecimentos convida a estender no espaço formas de civilizações que éramos propensos a escalonar no tempo.

O progresso não é nem necessário, nem contínuo. Ele procede por saltos, por pulos ou, como diriam os biólogos, por mutações. Esses saltos e pulos nem sempre vão mais longe e na mesma direção. São acompanhados de mudanças de orientação, um pouco à maneira do cavaleiro do xadrez que tem sempre à sua disposição vários movimentos mas em direções diferentes. A humanidade em progresso não se parece com um personagem que vai subindo, degrau por degrau, uma escada. Ela faz mais pensar no jogador cuja chance está dividida em vários dados e que, toda vez que ele os joga, os vê se dispersarem sobre a mesa. O que ganhamos com um estamos sempre expostos a perder com o outro, e é somente por um golpe de sorte que a história se torna cumulativa, em outras palavras, que as contas se adicionam para formar uma combinação favorável.

Mas qual seria nossa atitude diante de uma civilização que realizasse combinações favoráveis de seu próprio ponto de vista, sem que elas oferecessem interesse para a civilização a que pertence o observador? Este não se sentiria propenso a qualificar essa civilização de estacionária? Em outras palavras, a distinção entre história estacionária e história cumulativa (uma que acumula os achados e as invenções, e a outra, talvez igualmente ativa, mas em que cada inovação se dissolveria numa espécie de fluxo ondulante que jamais se afastaria de forma duradoura da direção primitiva), essa distinção não resulta da perspectiva etnocêntrica em que sempre nos colocamos para avaliar uma cultura diferente? Consideraríamos, assim, como cumulativa toda cultura que se desenvolvesse em sentido análogo ao nosso. Ao passo que as outras culturas nos apareceriam como estacionárias, não necessariamente porque o são, mas porque sua linha de desenvolvimento nada significa para nós, não é mensurável nos termos do sistema de referências que utilizamos.

"A ARTE DO IMPERFEITO"

Para que se compreenda melhor esse ponto que creio ser essencial, recorri no passado a várias comparações que lhes peço licença para retomar.

Em primeiro lugar, a atitude que denuncio se parece em muitos aspectos com a que observamos em nossas próprias sociedades, em que as pessoas idosas e os jovens não reagem aos acontecimentos da mesma forma. Em geral, as pessoas idosas consideram como estacionária a história que se passa durante sua velhice, por oposição à história cumulativa que seus jovens anos testemunharam. Uma época em que elas não estão mais ativamente envolvidas, em que não desempenham mais nenhum papel, não tem mais sentido. Nada acontece, ou o que acontece só oferece a seus olhos caracteres negativos. Em compensação, seus netos vivem esse período com todo o fervor que os mais velhos perderam.

Ainda em nossas sociedades, os adversários de um regime político não reconhecem de bom grado que este evolui. Eles o condenam em bloco, o rejeitam para fora da história, como uma espécie de entreato no fim do qual somente a vida normal retomará seu curso. Totalmente outra é a concepção dos militantes, e tanto mais, observemos, que ocupam um lugar importante no aparelho do partido no poder.

A oposição entre culturas progressivas e culturas imóveis parece, assim, resultar do que chamarei de diferença de focalização. Para o observador ao microscópio, que "pôs o foco" num corpo a certa distância da objetiva, os corpos postos além ou aquém, ainda que a distância seja ínfima, aparecem confusos e tremidos, ou até mesmo não aparecem: ele vê através.

Da mesma maneira, para um viajante sentado num trem a velocidade e o comprimento aparentes de outros trens que ele avista pela janela variam, dependendo se circulam na mesma direção ou na direção oposta. Ora, qualquer membro de uma cultura também é estreitamente solidário com ela, tanto quanto esse viajante ideal o é de seu trem. Desde nosso nascimento, o círculo familiar e social imprime em nosso espírito um sistema complexo de referências que consistem em julgamentos de valor, motivações, centros de interesse, e até mesmo ideias que nos inculcam sobre o passado e o futuro de nossa civilização. Durante nossa vida, nós nos deslocamos literalmente com esse sistema de referências, e os sistemas de outras culturas, de outras sociedades, só são percebidos por meio das deformações que nosso próprio sistema lhes inflige, quando ele não nos torna incapazes de ver alguma coisa.

Toda vez que somos levados a qualificar uma cultura de inerte ou estacionária, devemos, portanto, nos perguntar se esse imobilismo aparente não vem da ignorância em que estamos sobre seus interesses verdadeiros, e se, com seus critérios diferentes dos nossos, essa cultura não é vítima da mesma ilusão a nosso respeito. Em outras palavras, elas não ofereceriam nenhum interesse uma para a outra, simplesmente porque não se parecem.

Nos últimos dois ou três séculos a civilização ocidental se dedicou principalmente ao conhecimento científico e a suas aplicações. Se adotarmos esse critério, faremos da quantidade de energia disponível por habitante o índice do grau de desenvolvimento das sociedades humanas. Se o critério tivesse sido a aptidão para triunfar sobre os meios geográficos especialmente hostis, os esquimós e os beduínos levariam a palma. A Índia soube melhor que nenhuma outra civilização elaborar um sistema filosófico e religioso capaz de reduzir os riscos psicológicos de um desequilíbrio demográfico. O islã formulou uma teoria da solidariedade de todas as formas de atividade humana: técnica, econômica, social e espiritual, e sabemos o quanto foi preeminente o lugar que essa visão do homem e do mundo permitiu aos árabes ocuparem na vida intelectual da Idade Média. O Oriente e o Extremo Oriente possuem sobre o Ocidente um avanço de vários milênios em tudo o que se refere às relações entre o físico e o moral, e à utilização dos recursos dessa máquina suprema que é o corpo humano. Atrasados nos planos técnico e econômico, os australianos elaboraram sistemas sociais e familiares de uma complexidade tão grande que é preciso, para compreendê-los, apelar para certas formas das matemáticas modernas. Podemos reconhecer neles os primeiros teóricos do parentesco.

A contribuição da África é mais complexa mas também mais obscura, pois apenas começamos a entender o papel de *melting pot* que ela representou no Velho Mundo. A civilização egípcia só é inteligível como sendo a obra comum da Ásia e da África. E os grandes sistemas políticos da África antiga, suas contribuições jurídicas, seu pensamento filosófico por muito tempo escondido dos ocidentais, suas artes plásticas e sua música são aspectos de um passado muito fértil. Pensemos, enfim, nas múltiplas contribuições da América pré-colombiana para a cultura material do Velho Mundo. Em primeiro lugar, a batata, a borracha, o tabaco e a coca (base da anestesia moderna), que, a títulos diversos, constituem quatro pilares da civilização ocidental; o milho e o amendoim, que revolucionaram a economia africana antes mesmo de ser conhecidos na Europa e, no caso do milho, de aí se espalhar; em seguida, o cacau, a baunilha, o tomate, o ananás, a pimenta, várias espécies de feijão, de algodão e de cucurbitácea. Enfim, o zero, base da aritmética e, indiretamente, das matemáticas modernas, era conhecido e utilizado pelos maias pelo menos meio milênio antes de sua descoberta pelos índios que o transmitiram à Europa por intermédio dos árabes. Por essa razão, talvez, o calendário maia era, em época igual, mais exato que o do Velho Mundo.

Voltemos um instante ao caso da Europa e do Japão. Em meados do século XIX, a Europa e os Estados Unidos estavam certamente mais avançados em matéria de industrialização e de maquinismo. O Ocidente soubera melhor desenvolver o conhecimento científico para dele tirar aplicações de todo tipo que permitissem aumentar imensamente o poder do homem sobre a natureza. Mas isso não é verdade da mesma maneira em todos os campos, como no da metalurgia do aço e no da química orgânica, de tal forma os japoneses eram especialistas nas técnicas da têmpera e nas das fermentações, o que explica talvez que tenham tomado hoje a dianteira na biotecnologia. Voltemo-nos agora para a literatura. É somente no século XVIII que vemos aparecer na Europa obras comparáveis, pela sutileza e pela profundidade psicológica, ao *Genji monogatari*; e para encontrar num memorialista os arroubos líricos e a melancolia pungente dos cronistas japoneses do século XIII temos de esperar por Chateaubriand.

Em minha primeira conferência, eu lembrava que o interesse pelas artes ditas "primitivas" datava, na Europa, de menos de um século. No Japão, semelhante interesse remonta ao século XVI, com a paixão manifestada por seus estetas pelas cerâmicas rústicas, obras de humildes camponeses coreanos. É então que se afirma entre os japoneses o gosto pelas matérias deixadas em estado bruto, as texturas rugosas, os acidentes de fabricação, as formas irregulares ou assimétricas, em suma, pelo que o grande teórico desses estilos arcaicos, Yanagi Soetsu, denominou "a arte do imperfeito". Essa "arte do imperfeito", produzida sem intenção consciente por seus primeiros autores, ia inspirar no Japão a cerâmica *raku*, as simplificações ousadas de um mestre ceramista como Koetsu e, nos planos gráfico e plástico, a obra de pintores e decoradores como Sotatsu e Korin.

Ora — e é aí que quero chegar —, esse aspecto da arte japonesa, ilustrado pela escola Rimpa, é este mesmo que, na segunda metade do século XIX, fascinou a Europa e fez evoluir sua sensibilidade estética. Graças a isso, a curiosidade europeia ampliou-se progressivamente, até incluir as artes ditas "primitivas". Mas não nos enganemos: para esse entusiasmo a arte japonesa preparara o Ocidente sem que ele desconfiasse, pois foi em artes comparáveis por seu arcaísmo que, vários séculos antes, os artistas japoneses que citei se inspiraram, tendo assimilado suas lições.

O exemplo é pequeno, mas me parece demonstrativo. Acreditamos que as ideias e os gostos estão avançando, quando com frequência eles apenas estão dando voltas. Consideramos, assim, ser um progresso ousado o que é o retorno ao ponto de partida.

Aliás, não são as contribuições fragmentadas as que mais devem captar a atenção. Levamos demasiadamente em conta todas as prioridades: fenícia para a escrita no Ocidente; chinesa para o papel, a pólvora de canhão, a bússola; indiana para o vidro e o aço... Esses elementos são menos importantes que a maneira como cada cultura os associa, os retêm ou os exclui. O que faz a originalidade de cada uma reside mais no seu modo particular de resolver problemas, de pôr em perspectiva valores que são, grosso modo, os mesmos para todos os homens: pois todos os homens, sem exceção, possuem uma linguagem, técnicas, uma arte, conhecimentos positivos, crenças religiosas, uma organização social e política. Mas sua dosagem nunca é exatamente a mesma para cada cultura, e a antropologia se interessa em compreender as razões secretas dessas escolhas, mais do que em fazer inventários de fatos separados.

RELATIVISMO CULTURAL E JULGAMENTO MORAL

A doutrina cujas grandes linhas acabo de esboçar tem um nome: relativismo cultural. Ela não nega a realidade do progresso, nem que seja possível ordenar certas culturas umas em relação às outras, com a condição de nos atermos a este ou aquele aspecto particular. O relativismo cultural afirma, contudo, que, mesmo restrita, essa possibilidade se choca com três limites.

Em primeiro lugar, se a realidade do progresso é incontestável quando se pensa na evolução da humanidade numa perspectiva cavaleira, o progresso não se manifesta, porém, senão em setores particulares e, mesmo aí, de modo descontínuo, não exclusivo de estagnações e de regressões locais.

Em segundo lugar, quando o antropólogo examina e compara nos detalhes as sociedades pré-industriais que ele estuda acima de tudo, é incapaz de destacar critérios permitindo ordenar todas elas numa escala comum.

Por fim, o antropólogo se declara impotente para fazer um julgamento de ordem intelectual ou moral sobre os valores respectivos deste ou daquele sistema de crenças ou desta ou daquela forma de organização social. Para o antropólogo, de fato, os critérios de moralidade são, por hipótese, uma função da sociedade particular que os adotou.

É por respeito aos povos que eles estudam que os antropólogos se proíbem de formular julgamentos sobre o valor comparado da cultura de uns e de outros. Cada cultura, dizem eles, é por essência impotente para fazer um julgamento verdadeiro sobre outra cultura, já que uma cultura não pode se evadir de si mesma, e, portanto, sua apreciação permanece prisioneira de um relativismo contra o qual não há recurso.

Ora — e é um dos problemas maiores que se apresentam hoje à antropologia —, há cerca de um século todas as sociedades não reconheceram, uma após outra, a superioridade do modelo ocidental? Não vemos o mundo inteiro lhe tomar emprestados, progressivamente, suas técnicas, seu tipo de vida, suas roupas e até suas distrações?

Desde as multidões asiáticas até as tribos perdidas na selva sul-americana ou melanésia, um ajuntamento unânime, e sem precedente na história, proclamou até época recente que uma forma de civilização era superior a todas as outras. No momento em que a civilização de tipo ocidental começa a duvidar de si mesma, os povos que chegaram à independência no último meio século continuam a pregá-la, ao menos pela boca de seus dirigentes. Estes chegam até mesmo, por vezes, a acusar os antropólogos de prolongarem insidiosamente a dominação colonial, contribuindo, pela atenção exclusiva que lhes prestam, a perpetuar práticas em desuso, e que constituem um obstáculo ao desenvolvimento. Se posso evocar uma lembrança pessoal, quando, em 1981, eu percorria a Coreia do Sul em companhia de colegas e estudantes, contaram-me que esses últimos diziam entre si, rindo: "Esse Lévi-Strauss só se interessa por coisas que não existem mais". O dogma do relativismo cultural é, assim, questionado por aqueles mesmos em cujo benefício moral os antropólogos acreditaram dever decretá-lo.

Essa situação apresenta à antropologia, e à humanidade tomada em seu conjunto, um grave problema. Durante essas três conferências, sublinhei várias vezes que a fusão progressiva de populações até então separadas pela distância geográfica e por barreiras linguísticas e culturais marcava o fim de um mundo que foi aquele dos homens por centenas de milênios, 1 milhão ou 2 milhões de anos talvez, quando viviam em grupos duradouramente separados uns dos outros e que evoluíam, cada um, de modo diferente, tanto no plano biológico como no plano cultural. Os transtornos desencadeados pela civilização industrial em expansão, a maior rapidez dos meios de transporte e de comunicação derrubaram essas barreiras. Ao mesmo tempo, desapareceram as oportunidades que elas ofereciam para que se elaborassem e fossem postas à prova novas combinações genéticas e experiências culturais.

Provavelmente nos embalamos no sonho de que a igualdade e a fraternidade reinarão um dia entre os homens sem que seja comprometida sua diversidade. Mas não devemos alimentar ilusões. As grandes épocas criadoras foram aquelas em que a comunicação se tornou suficiente para que parceiros afastados se estimulassem, sem ser no entanto bastante frequente e rápida para que os obstáculos, indispensáveis entre os indivíduos como entre os grupos, diminuíssem a ponto de que trocas demasiado fáceis uniformizassem e confundissem essa diversidade.

Pois, se é verdade que, para progredir, é preciso que os homens colaborem, durante essa colaboração se identificam gradualmente as contribuições cuja diversidade inicial era justamente o que tornava a colaboração fecunda e necessária. O jogo em comum, do qual resulta qualquer progresso, deve provocar, em prazo mais ou menos curto, uma homogeneização dos recursos de cada jogador. Se a diversidade é uma condição inicial, é preciso reconhecer que as chances de ganho se tornam mais fracas à medida que a partida deve se prolongar.

Esse é o dilema diante do qual, aos olhos da antropologia, a humanidade moderna se encontra hoje. Tudo parece mostrar que ela tende para uma civilização mundial. Mas essa própria noção não seria contraditória se, como tentei mostrar, a ideia de civilização implica e requer a coexistência de culturas que ofereçam entre si a maior diversidade?

A fascinação que o Japão exerce hoje sobre os espíritos, tanto na Europa como nos Estados Unidos, não resulta apenas de seus avanços técnicos e de seus êxitos econômicos. Ela se explica em grande parte pela sensação confusa de que, de todas as nações modernas, a dos senhores se mostrou a mais capaz de navegar entre esses dois escolhos, de elaborar fórmulas de vida e de pensamento próprias a superar as contradições com que a humanidade do século XX anda às voltas.

O Japão entrou decididamente numa civilização mundial. Mas até agora soube fazê-lo sem abjurar seus caracteres específicos. Quando, na época da restauração Meiji, o Japão resolveu se abrir, foi convencido de que precisava igualar o Ocidente no plano técnico se quisesse salvaguardar seus próprios valores. À diferença de tantos povos chamados subdesenvolvidos, não se entregou de pés e mãos atados a um modelo estrangeiro. Não se afastou momentaneamente de seu centro de gravidade espiritual senão para melhor garanti-lo, protegendo seu entorno.

Há séculos o Japão manteve o equilíbrio entre duas atitudes: ora aberto às influências externas e pronto para absorvê-las; ora fechado sobre si mesmo, como para se dar tempo de assimilar essas contribuições estrangeiras e imprimir-lhes sua marca. Essa capacidade espantosa do Japão de alternar entre dois comportamentos, de dividir sua fidelidade entre divindades nacionais e o que os japoneses chamam de "deuses convidados", essas ideias lhes são provavelmente familiares e não pretendo de jeito nenhum ensiná-las aos senhores. Apenas gostaria, com alguns exemplos, de tornar mais sensível aos senhores o modo como elas impressionam o observador ocidental.

Em minha segunda conferência, eu sublinhava a urgência que se liga à salvaguarda dos *savoir-faire* tradicionais. Os senhores trouxeram uma solução para esse problema instituindo o sistema chamado dos "tesouros nacionais vivos", *ningen kokuho*. Não penso trair um segredo de Estado se lhes confio que os poderes públicos de meu país preparam atualmente medidas visando estabelecer na França um sistema diretamente inspirado do japonês.

Outro aspecto de sua história, que para nós, franceses, é especialmente instrutivo, refere-se aos modos diferentes — eu diria até mesmo opostos — como nossos dois países entraram na era industrial. Na França, uma burguesia de advogados e de burocratas, aliada a um campesinato ávido de pequenas propriedades, fez uma revolução que simultaneamente aboliu privilégios caducos e abafou um capitalismo nascente. O Japão, de seu lado, procedeu a uma restauração que, remontando às origens, também tinha como objetivo integrar o povo à comunidade nacional. Mas capitalizou o passado, em vez de destruí-lo. O Japão pôde pôr assim a serviço da ordem nova recursos humanos plenamente disponíveis, porque o espírito crítico não tivera ocasião de exercer seus estragos e todo um aparato de representações simbólicas datando dos tempos da produção pré-rizícola e já integrado pela produção rizícola ainda era bastante sólido para dar uma base ideológica ao poder imperial, e depois à sociedade industrial...

Em suma, o olhar que nós, ocidentais, lançamos sobre o Japão nos confirma que cada cultura particular, e o conjunto das culturas de que toda a humanidade é feita, não consegue subsistir e prosperar senão funcionando segundo um duplo ritmo de abertura e de fechamento, ora defasadas uma em relação à outra, ora coexistindo no tempo. Para ser original e manter diante das outras culturas variações que lhes permitam se enriquecer mutuamente, toda cultura deve a si mesma uma fidelidade cujo preço a pagar é uma certa surdez a valores diferentes, aos quais ela permanecerá insensível, total ou parcialmente.

Os senhores me fizeram a honra de me confiar estas conferências, talvez com a ideia de que a antropologia pode ensinar alguma coisa ao Japão. Mas, se, pela quarta vez, venho ao seu país com uma curiosidade, uma simpatia, um interesse sempre mais vivos, é porque — cada uma de minhas temporadas me convence mais disso —, por seu modo único de levantar os problemas do homem moderno e pelas soluções que propõe, o Japão pode muito ensinar à antropologia.

ESTA OBRA FOI COMPOSTA POR OSMANE GARCIA FILHO EM MINION
E IMPRESSA PELA PROL EDITORA GRÁFICA EM OFSETE SOBRE PAPEL PÓLEN BOLD DA
SUZANO PAPEL E CELULOSE PARA A EDITORA SCHWARCZ EM AGOSTO DE 2012